2017 CPA·CTA

개정세법 완벽반영

Tax Law Sketch

양소영 회계사의 **강의필기노트**

세법스케치 I

법인세법

| 양소영 |

비앤엠북스

머리말

세법스케치는 도도하다.

도	도식으로 이해한다.	도식은 세법규정에 대한 논리를 보다 쉽고 빠르게 이해할 수 있게 해줍니다.
도	도식으로 외운다.	도식은 인상효과를 주기 때문에 좀 더 오래 기억에 남게 해줍니다.

- 세법스케치의 구성

1. 강의 시 판서하는 내용과 도식을 빠짐없이 담아 필기부담을 줄였습니다.
2. 주제별 내용과 도식을 한 컷씩 담아 가독성을 높였습니다.
3. 핵심적인 내용을 간추려 담아 요점정리를 효율적으로 할 수 있게 하였습니다.
4. 강의노트와 동일한 목차로 담고 2권으로 분권화하여 휴대가 편리하게 하였습니다.

세목	강의노트	필기노트
1. 법인세법	지니세법I	세법스케치I
2. 부가가치세법, 소득세법	지니세법II	세법스케치II

차례

제1장
법인세법 총설

* 법인(소득)세 : 법인이 얻은 소득에 대하여 그 법인에게 부과되는 조세

법인 → 납세의무자

소득 → 과세대상

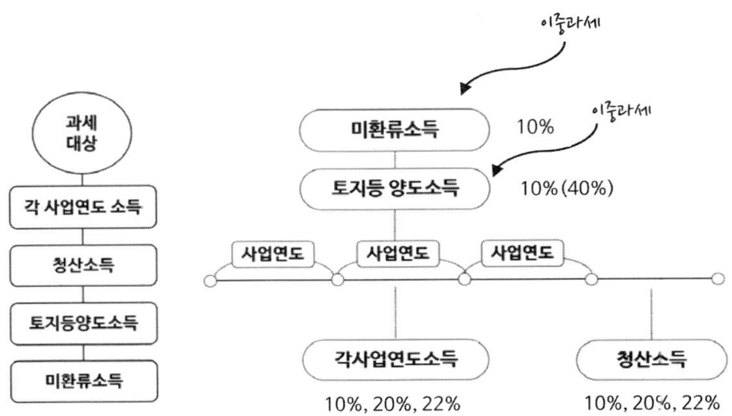

· 법인세

· 법인세의 과세대상

구분	내용	세율
각사업연도 소득	가장 기본이 되는 과세소득(≒당기순이익)	10%, 20%, 22%
토지등 양도소득	법 소정 주택(부수토지 포함)과 비사업용 토지를 양도하여 발생한 소득	10%(40%)
미환류소득	일정 규모 이상의 내국법인이 법 소정의 투자, 임금 또는 배당 등으로 환류하지 아니한 소득	10%
청산소득	법인이 해산(합병·분할에 의한 해산은 제외)에 의해 소멸하는 경우 잔여재산가액이 자기자본총액을 초과하는 금액	10%, 20%, 22%

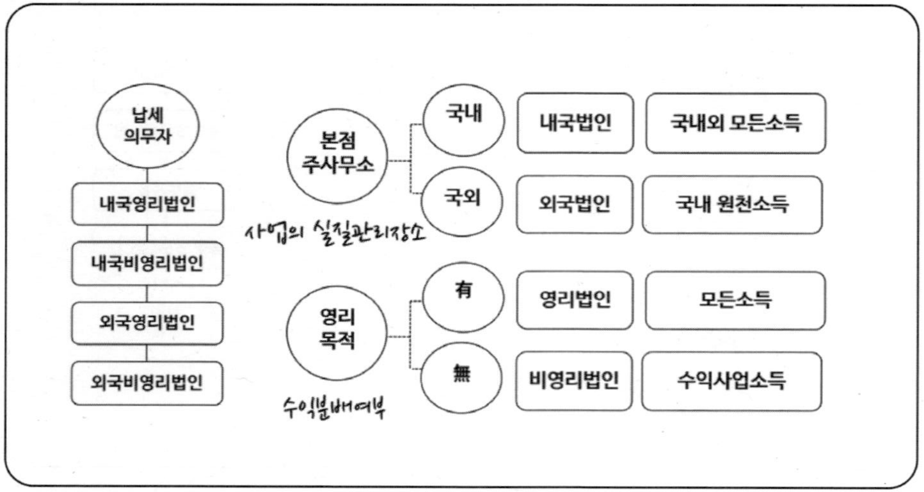

· **납세의무자**

(1) 본점 또는 주사무소 소재지에 따른 구분

① 내국법인 : 국내에 본점·주사무소 또는 사업의 실질적 관리장소를 둔 법인
② 외국법인 : 외국에 본점 또는 주사무소를 둔 단체(국내에 사업의 실질적 관리장소가 소재하지 않는 경우만 해당함)로서 법 소정의 기준에 해당하는 법인

(2) 영리목적유무에 따른 구분

① 영리법인 : 영리를 목적으로 하는 법인
② 비영리법인 : 학술·종교·자선 등 영리가 아닌 사업을 목적으로 하는 법인

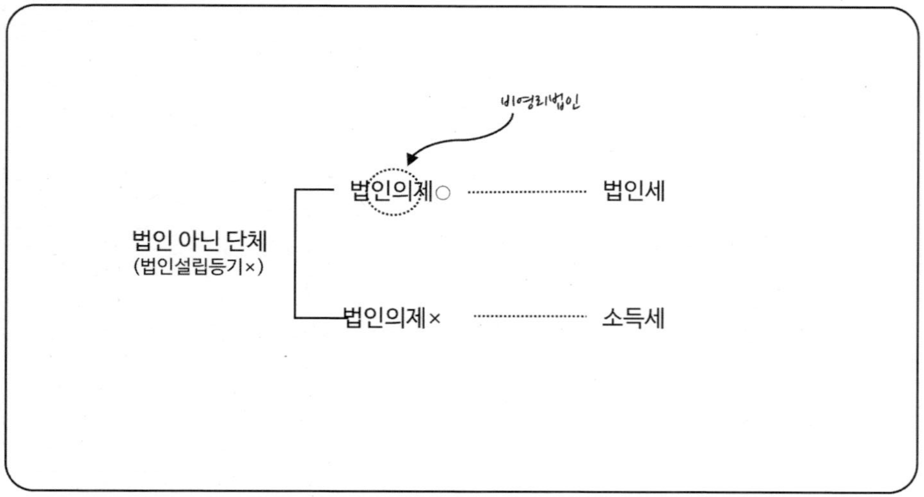

· **법인 아닌 단체**

국세기본법상 법인으로 의제되는 법인 아닌 단체는 법인세법상 비영리법인에 해당한다.

구분		각사업연도 소득	토지등	청산소득	미환류소득
내국	영리법인	국내외 모든 소득	○	○	○
	비영리법인	국내외 수익사업 소득	○	×	×

· 국가·지방자치단체 : 비과세법인

구분		각사업연도 소득	토지등	청산소득	미환류소득
외국	영리법인	국내 모든 소득	○	×	×
	비영리법인	국내 수익사업 소득	○	×	×

· 외국정부 : 비영리법인

· 법인종류별 납세의무의 범위

내국영리법인 중 각 사업연도 종료일 현재 재무상태표상 자기자본이 500억을 초과하는 법인(중소기업 제외) 또는 상호출자제한기업집단에 속하는 법인은 기업의 미환류소득에 대한 법인세 납세의무가 있다.

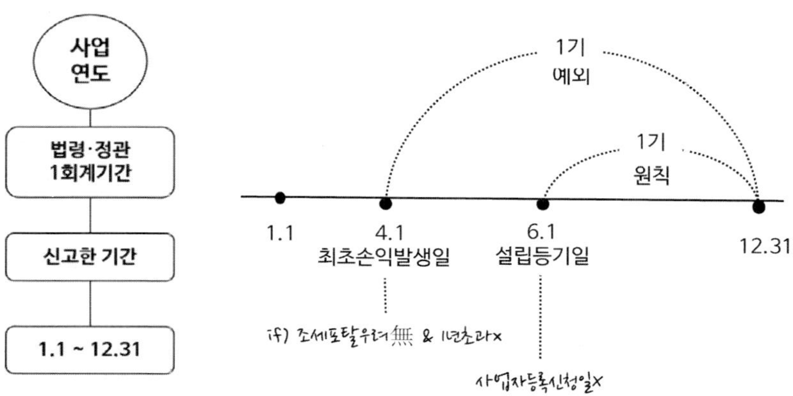

· 사업연도

법인의 소득을 계산하기 위한 일정한 기간(≒회계연도)

· 사업연도의 변경

사업연도를 변경하고자 하는 법인은 그 법인이 **<u>직전 사업연도 종료일로부터 3개월 이내</u>**에 납세지 관할세무서장에게 사업연도 변경신고를 하여야 한다.

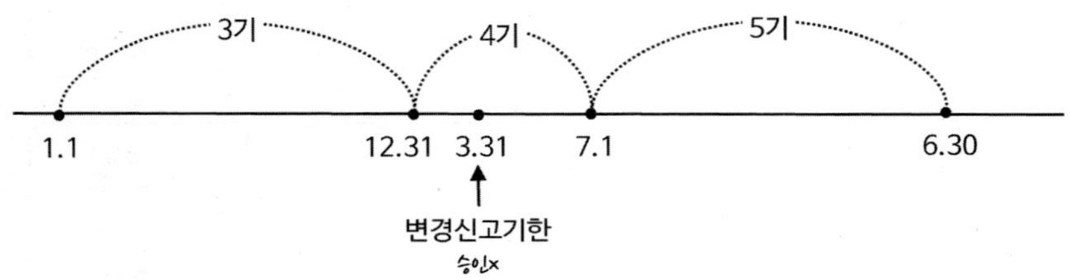

· 잔여기간의 처리

사업연도를 변경한 경우에는 종전 사업연도의 개시일로부터 변경한 사업연도 개시일의 전일까지를 1사업연도로 본다. 그 기간이 1개월 미만인 경우에는 **<u>변경된</u>** 사업연도에 이를 포함한다.

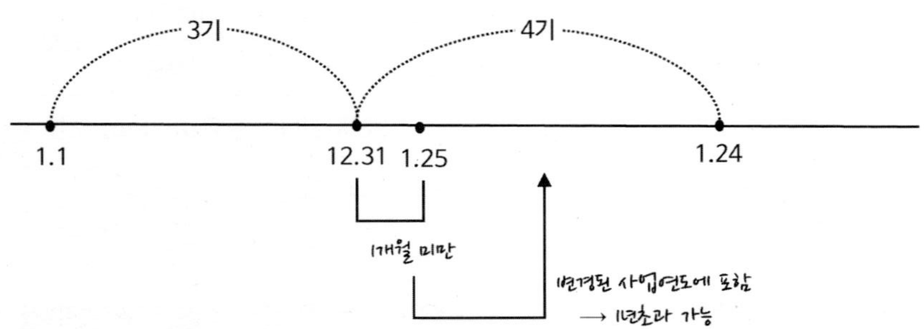

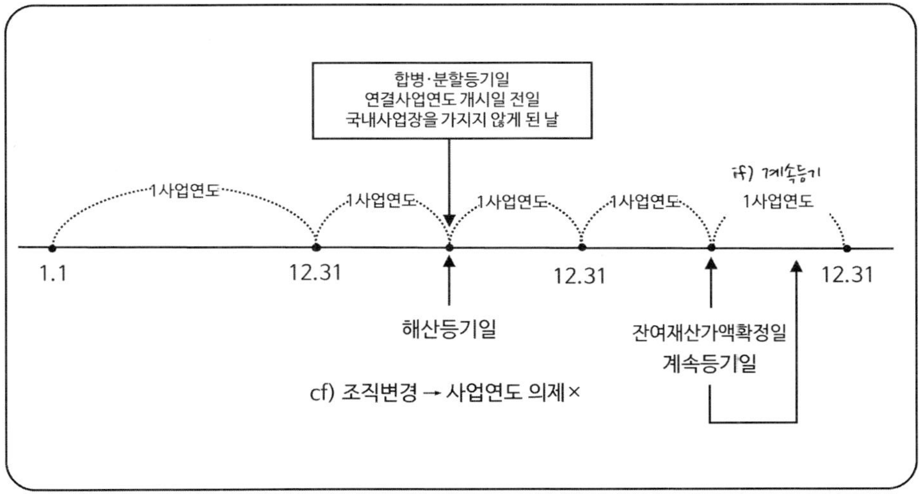

· **사업연도의 의제**

사업연도의 의제란 해산 등의 사유발생시 본래의 사업연도를 사유발생일을 기준으로 나눠 일정기간을 사업연도로 보는 것을 말한다.

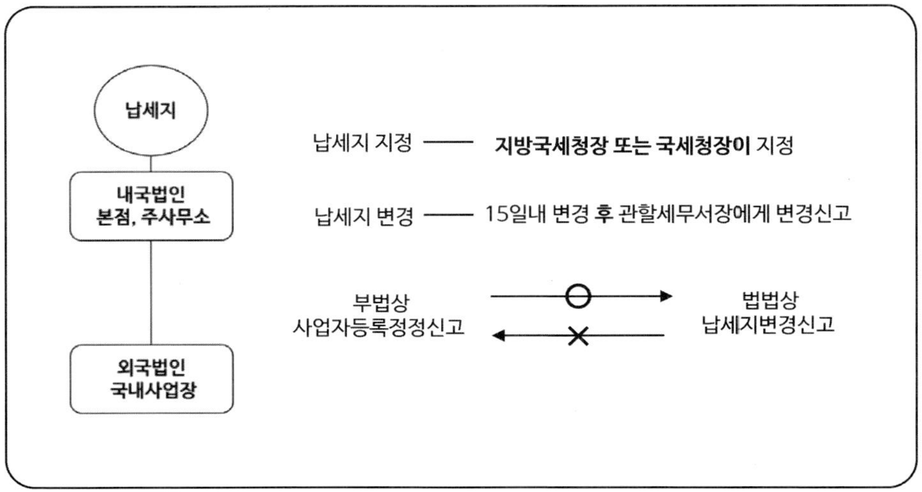

· **납세지**

✓ **납세지 지정**

관할지방국세청장(새로이 지정될 납세지가 관할을 달리할 때에는 **국세청장**)은 납세지가 그 법인의 납세지로 적당하지 않다고 인정되는 경우 납세지를 지정할 수 있다. → 관할세무서장×

✓ **납세지변경**

법인은 납세지 변경시 변경일부터 15일 이내에 **변경 후** 납세지 관할세무서장에게 신고한다. → 변경 전×

법인이 납세지가 변경됨에 따라 부가가치세법에 따른 사업자등록정정을 한 경우에는 납세지의 변경신고를 한 것으로 본다.

제2장

세무조정과 소득처분

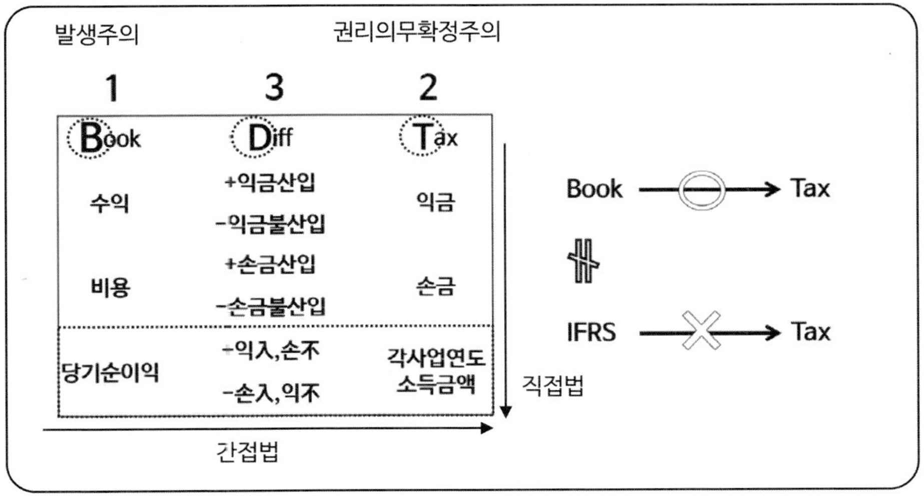

· **세무조정**

✓ 직접법 : 익금 - 손금 = 각사업연도소득금액
✓ 간접법 : 당기순이익+익금산입·손금불산입 - 손금산입·익금불산입 → 실제 세무조정 과정

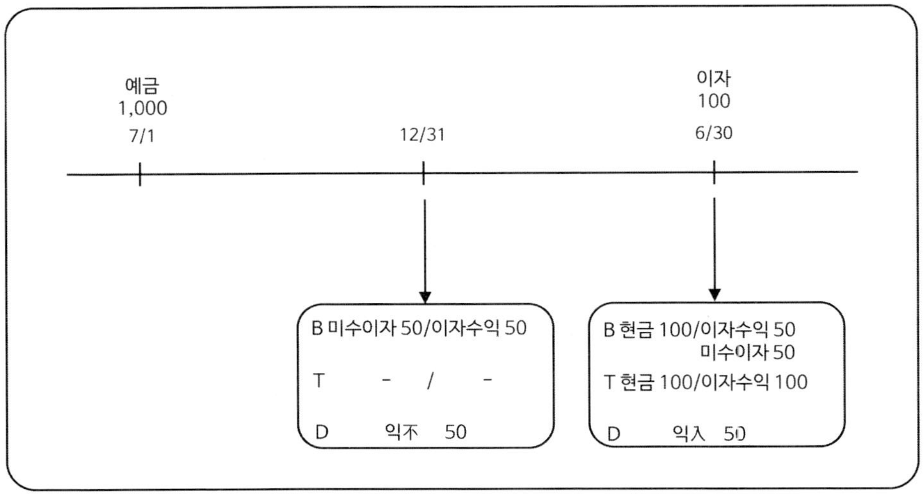

· **세무조정**

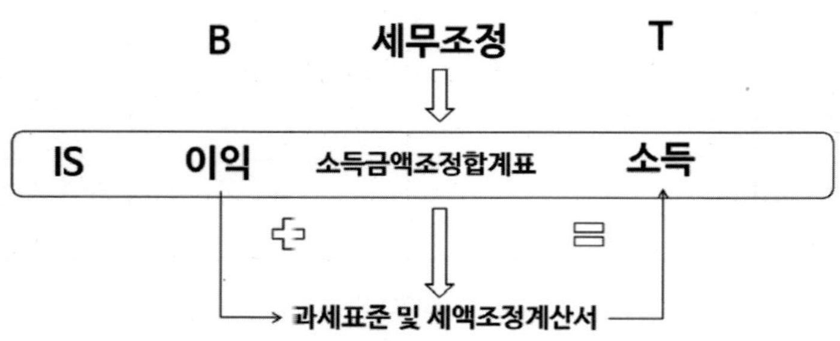

· **소득금액조정합계표**

세무조정사항을 가산조정(왼쪽)과
차감조정(오른쪽)으로 나누어 요약·집계한
세무조정계산서

			비용× → 손入○ 신고조정사항	비용× → 손入× 결산조정사항
결산조정	수익	100	100	100
	비용	(10)	-	-
	당기순이익	90	100	100
신고조정	+익入,손不	-	-	-
	-손入,익不	-	(10)	-
	각사소	90	90	100
			인건비등	감가상각비등

· **신고조정사항과 결산조정사항**

(1) 신고조정사항
결산서에 수익 또는 비용으로 계상하지 않더라도
법인세법상 익금 또는 손금으로 인정되는 항목

(2) 결산조정사항
결산서에 비용으로 계상한 경우에 한해서만
법인세법상 손금으로 인정되는 손금항목

구분	신고조정사항	결산조정사항
결산조정	○	○
신고조정	○	×

· 신고조정사항과 결산조정사항

B		T		D
수익	〉	익금	→	익不
수익	〈	익금	→	익入
비용	〉	손금	→	손不
비용	〈	손금	→	~~손入~~

Case 1 결산조정사항 → 세무조정×
Case 2 신고조정사항 → 손入

· 신고조정사항과 결산조정사항

구분	결산조정사항	신고조정사항
의미	비용× → 손入×	이외의 항목
대상	Scme 손금항목	All 익금, Almost 손금항목
귀속시기	비용계상한 사업연도	법정 귀속시기
경정청구	불가	가능

· 신고조정사항과 결산조정사항

결산조정사항

×1 ×2
B 비용× 비용○
T/A 無 無

경정청구×

신고조정사항

×1 ×2
B 비용× 비용○
T/A 손入× 손不

경정청구○

· 신고조정사항과 결산조정사항

결산조정사항	임의신고조정사항	강제신고조정사항
1. 자산의 감액손실	-	-
2. 감가상각비	K-IFRS 감가상각비 특례	감가상각의제 업무용승용차(2016.1.1 이후분)
3. 대손금	-	소멸시효완성 등
4. 충당금/준비금	일충(압충) 준비금(비상위험, 고유목적 등)	연충

· **신고조정사항과 결산조정사항**

· **비망계정(₩1,000)**

부천/파천	주식(부도, 파산)
생천	생산설비(시설개체, 기술낙후)
감천	고정자산(감가상각완료)
부천	어음, 수표, 외상매출금(부도+6개월)

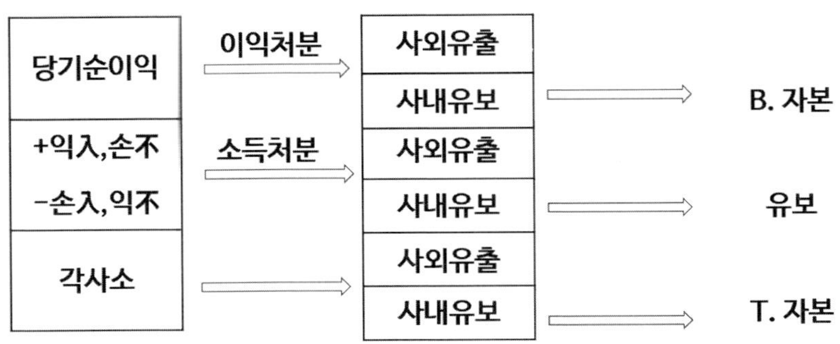

· **소득처분**

(1) 이익처분
주주총회를 통해 장부상 당기순이익의 귀속을 결정하는 것을 말한다.

(2) 소득처분
세무조정사항(~~각사업연도소득금액~~)의 귀속을 결정하는 것을 말한다.

사외 유출	배당
	상여
	기타소득
	기타사외유출

사내 유보	유보(△유보)
	기타

· 소득처분

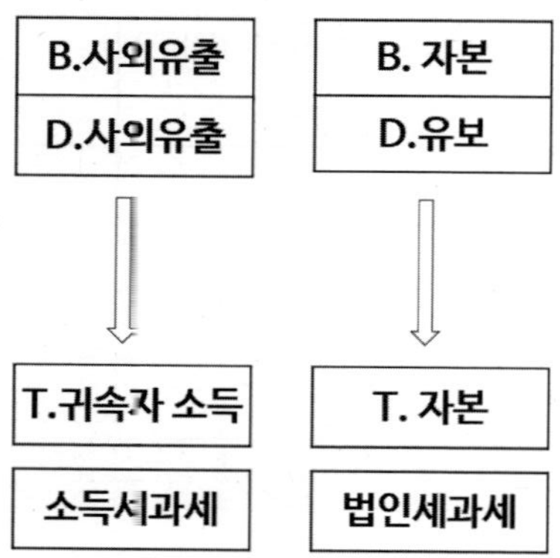

· 소득처분

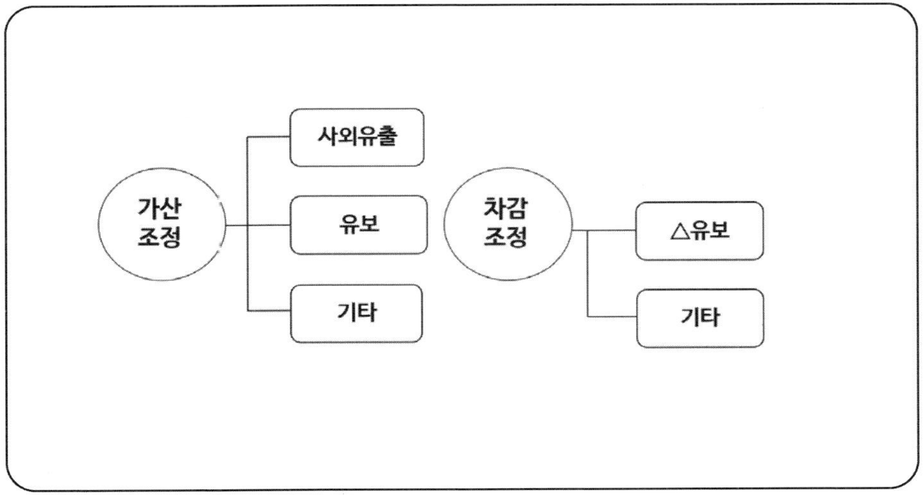

· **소득처분**

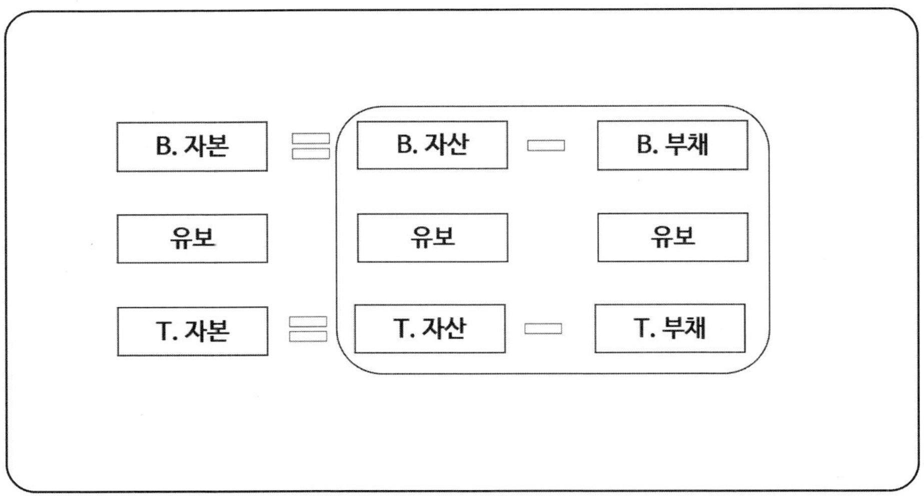

· **유보(△유보)**

유보(△유보)란 익금산입·손금불산입(또는 손금산입·익금불산입)한 금액이 사외로 유출되지 않고 사내에 남아있는 경우로서 결산서상 자본과 세법상 자본의 차이가 있을 때 행하는 소득처분이다.

자본의 차이는 자산과 부채의 차이이므로, 결과적으로 결산서상 자산·부채와 법인세법상 **자산·부채의 차이**가 존재할 때 유보(△유보)의 소득처분을 한다.

자산↑부채↓	0	수익(자본↑)	0
⇩		⇩	
유보	100	익入	100
비용(자본↓)	0	자산↓부채↑	0
⇩		⇩	
손入	100	△유보	100

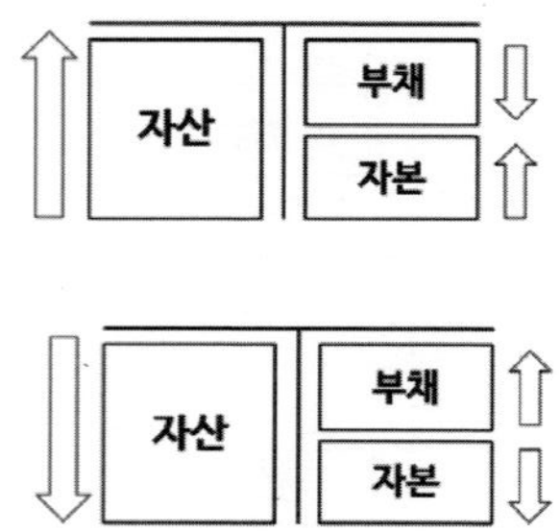

	×1 취득 : 토지 1,000 취득세 100	×2 토지 처분 1,000
Book	토지 1,000 현금 1,000 비용 100 현금 100	현금 1,000 토지 1,000
Tax	토지 1,000 현금 1,000 토지 100 현금 100	현금 1,000 토지 1,000 손실 100 토지 100
Diff	손不 토지 100 유보	손入 토지 100 △유보

· **유보(△유보)**

구분	자본	자산	부채
유보 (가산조정)	B.자본<T.자본	B.자산<T.자산	B.부채>T.부채
△유보 (차감조정)	B.자본>T.자본	B.자산>T.자산	B.부채<T.부채

· **유보의 추인**

전체기간 손익차이×, 기간간 손익차이○
→ 일시적차이

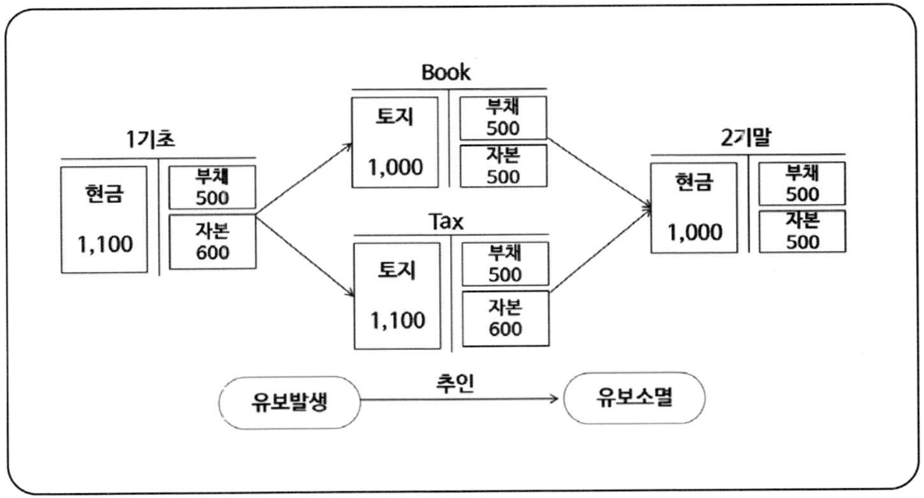

· **유보의 추인**

추인금액 = 유보(△유보) × 처분(상환)비율

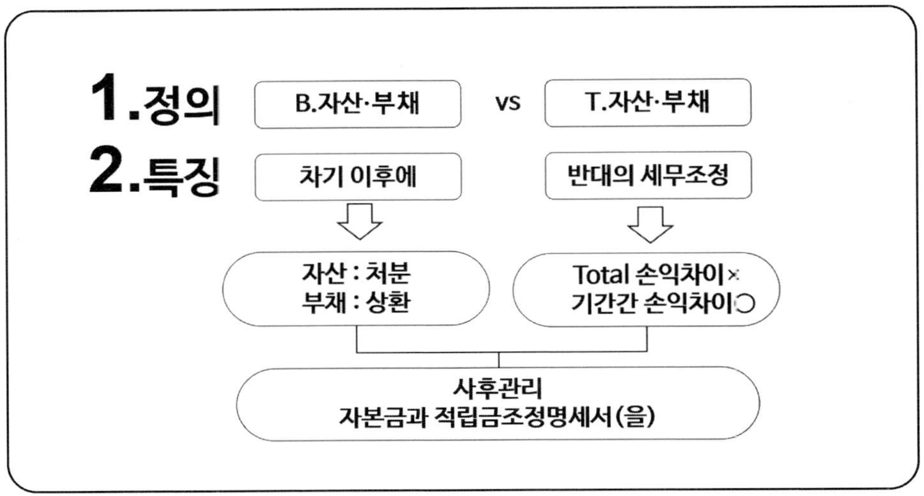

· **유보**

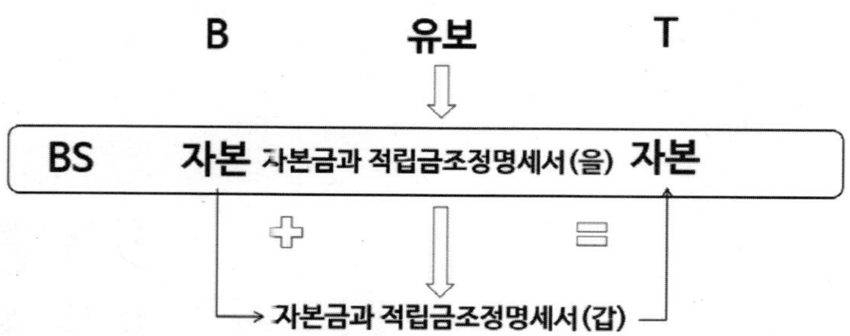

· **유보의 사후관리**

(1) 자본금과적립금조정명세서(을)
유보(△유보)금액의 변동을 관리

(2) 자본금과적립금조정명세서(갑)
법인세법상 자본을 별도로 관리

	과 목	기초잔액	당기중 증감		기말잔액
			감 소	증 가	
×1	토지	-	-	100	100
×2	토지	100	100	-	-

· **자본금과적립금조정명세서(을)**

	과 목	기초잔액	당기중 증감		기말잔액
			감 소	증 가	
×1	토지	-	-	△100	△100
×2	토지	△100	△100	-	-

· **자본금과적립금조정명세서(을)**

자본거래 vs 손익거래
Tax 자본거래 : 익금손금× → 순자산↑↓
Tax 손익거래 : 익금손금○ → 순자산↑↓

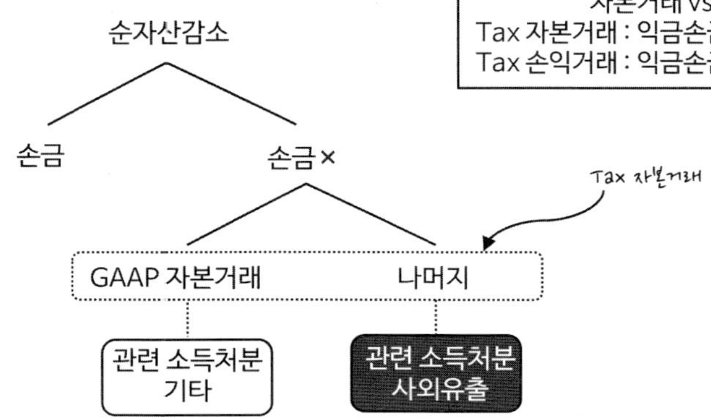

· **사외유출(Only 가산조정)**

사외유출이란 익금산입·손금불산입한 금액이 사외로 유출된 경우에 행하는 소득처분으로 실제로 순자산이 감소했으나 손금으로 인정하지 않는 것(GAAP상 자본거래 제외)으로 열거된 것에 대한 세무조정시 주로 발생한다.

B	비용 100	현금 100
T	자본 100	현금 100
D	손不 업무무관비용 100	사외유출

귀속자	소득처분
주주	배당
임직원	상여
법인,개인사업자	기타사외유출
그외	기타소득

· **사외유출(Only 가산조정)**

구 분		내 용	소득세과세	원천징수
귀속 분명	배당	주주(임원/사용인 제외)	○	○
	상여	임직원		
	기타소득	기타의 자		
	기타사외유출	법인 또는 개인사업자	×	×

귀속 불분명	대표자 상여	무조건	기타사외유출

· **사외유출(Only 가산조정)**

✓ 귀속자가 중복되는 경우

① 주주가 해당 법인의 임직원인 경우
→ 상여 (출자임원·출자사용인)

② 주주가 법인이거나 개인사업자인 경우
→ 기타사외유출 (법인주주 등)

③ 임직원이 개인사업자인 경우
→ 기타사외유출

* 위 ②, ③은 법인의 각사업연도소득이나 거주자의 사업소득을 구성하는 경우에 한한다.

B	현금 1,100	자기주식	1,000
		자본잉여금	100

T	현금 1,100	자기주식	1,000
		익금	100

D	익入	자기주식처분이익	100	기타

B. 자본	
자본금	
자본잉여금	100
이익잉여금	

T. 자본	
자본금	
자본잉여금	
이익잉여금	100 ← 수익 100

· **기타**

기타란 익금산입·손금불산입(또는 손금산입·익금불산입)한 금액이 사외로 유출되지 않고 사내에 남아 있는 경우로서 결산서상 자본과 세법상 자본의 차이가 없을 때 행하는 소득처분이다.

① 가산조정 : 유보× → 사외유출× → 기타
② 차감조정 : △유보× → 기타

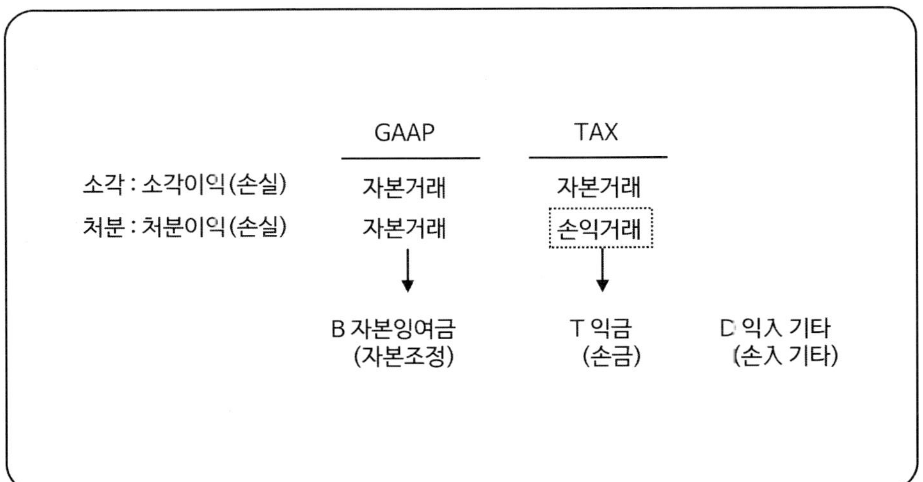

· **기타**

· 기타

	업무무관자산 재산세		업무관련자산 재산세	
B	비용 100 / 현금 100	자본 100 / 현금 100	현금 100 / 수익 100	현금 100 / 자본 100
T	유출 100 / 현금 100	비용100/현금 100	현금 100/자본 100	현금100/수익 100
D	손不 100	손入 100	익不 100	익入 100
	유출 (기타)	기타	기타	기타

차감조정 (손入 100 기타 – 익不 100 기타)

가산조정: 유출○ (손不 100 유출(기타)) – 유출× (익入 100 기타)

· 소득처분 요약표

구분		내용	사후관리
사외유출	배당	출자자(임원/사용인 제외)	○
	상여	임직원	
	기타소득	기타의 자	
	기타사외유출	법인 또는 개인사업자	×
사내유보	유보(△유브)	회계와 세법의 순자산차이○	○
	기타	회계와 세법의 순자산차이×	×

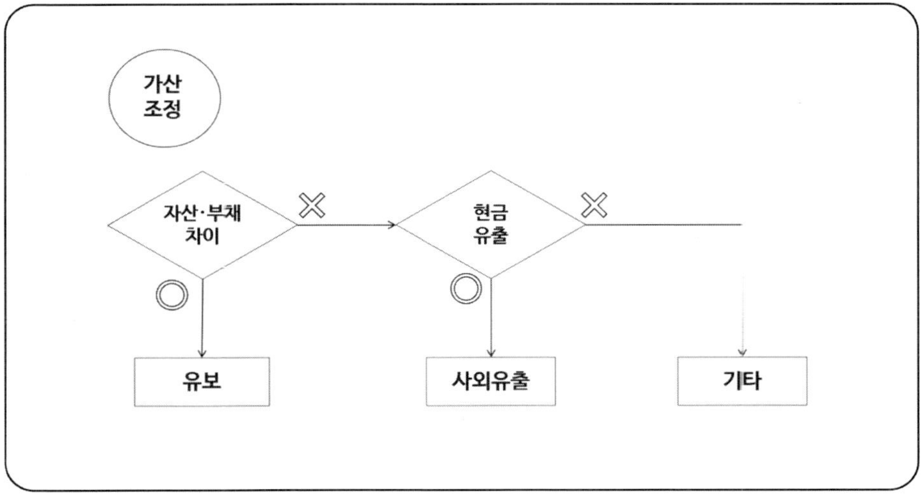

· 소득처분 흐름도

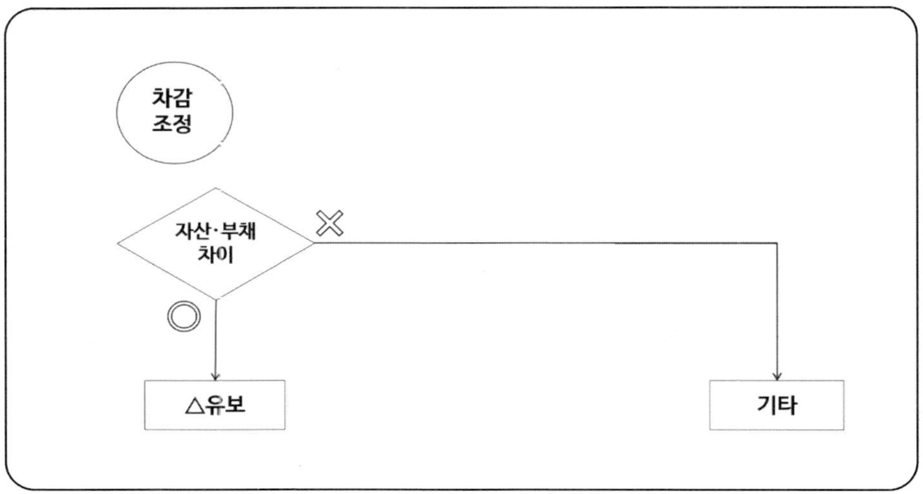

· 소득처분 흐름도

· 법인세 계산구조

Step1		당기순이익	
	(±)	세무조정	
		각사업연도소득금액	
Step2	(-)	이월결손금	·세무상의 결손금 5년(10년)
	(-)	비과세소득	
	(-)	소득공제	
		과세표준	
Step3	x	세율	·10%, 20%, 22%
		산출세액	
Step4	(-)	공제감면세액	
	(+)	가산세	
	(-)	기납부세액	·중간,원천,수시부과세액
		차감납부세액	

· 이월결손금

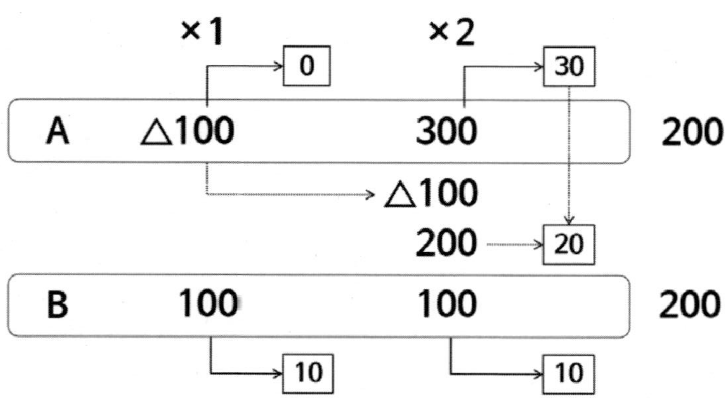

· 이월결손금

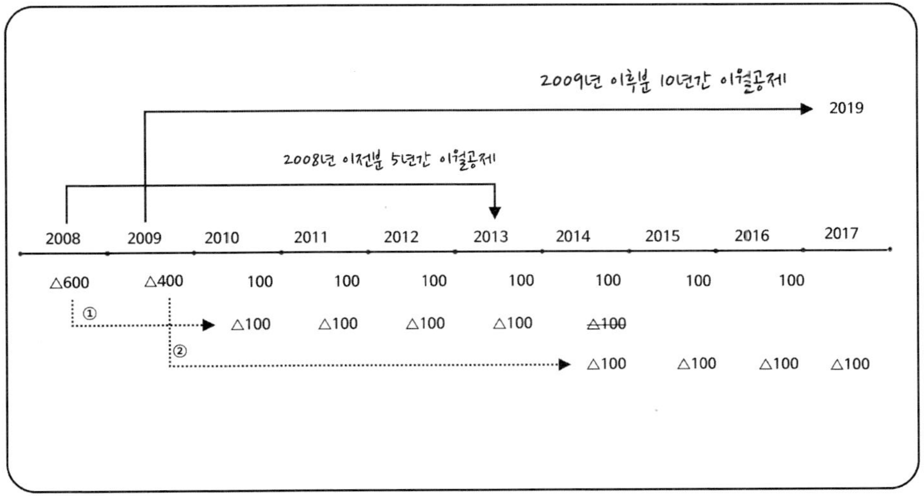
2009년 이후분 10년간 이월공제
2019
2008년 이전분 5년간 이월공제
2008
2009
2010
2011
2012
2013
2014
2015
2016
2017
△600
△400
100
100
100
100
100
100
100
①
△100
△100
△100
△100
△100
②
△100
△100
△100
△100

제3장
익금

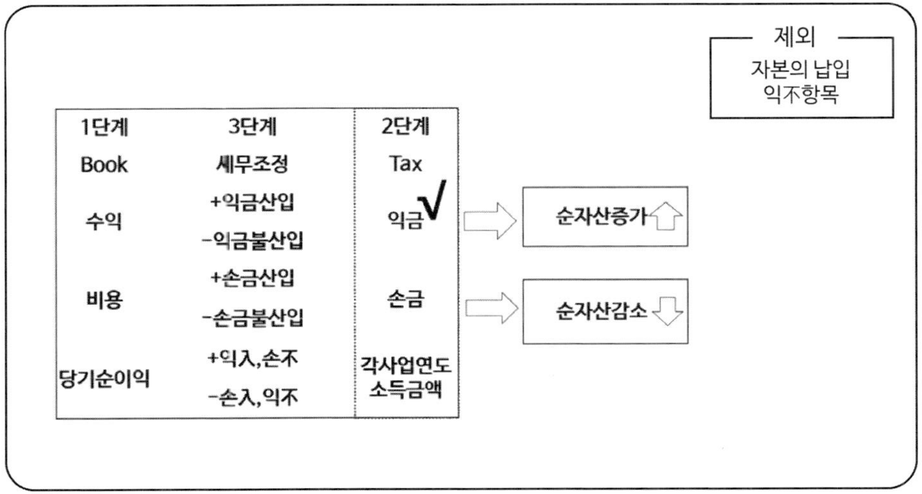

· 익금

익금이란 해당 법인의 순자산을 증가시키는 거래로 인하여 발생하는 수익의 금액을 말한다. 다만, 자본·출자의 납입과 법인세법에서 특별히 규정하고 있는 익금불산입항목은 제외한다.

익금 = 순자산증가액 - 자본·출자의 납입 - 익금불산입항목

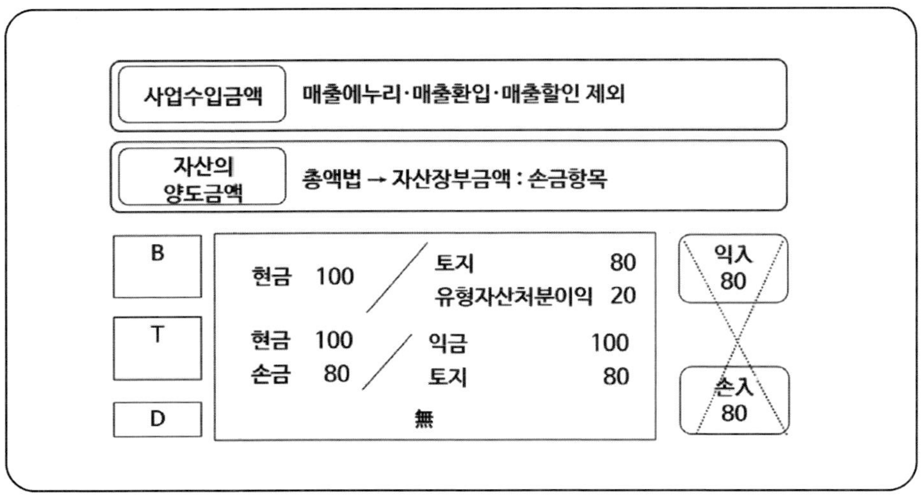

· 익금항목(예시규정)

Case	토지유보 10 존재시 순액법	토지유보 10 존재시 총액법
Book	현금 100 / 토지 80 처분이익 20	현금 100 / 수익 100 비용 80 / 토지 80
Tax	현금 100 / 토지 90 처분이익 10	현금 100 / 익금 100 손금 90 / 토지 90
Diff	익不 토지 10 △유보	손入 토지 10 △유보

· 순액법 vs 총액법

자산의 임대료	일시적 임대료
자산의 평가이익	① 원칙 : 익금불산입항목 ② 예외 : 익금항목(타법률상 고정자산 평가증)
자산수증이익 (채무면제이익)	① 원칙 : 익금항목 ② 예외 : 익금불산입항목(이월결손금보전에 충당)
손금산입한 금액 중 환입된 금액	당초 손금항목→ 환입시 익금항목 당초 손금불산입항목→ 환입시 익금불산입항목

· 익금항목(예시규정)

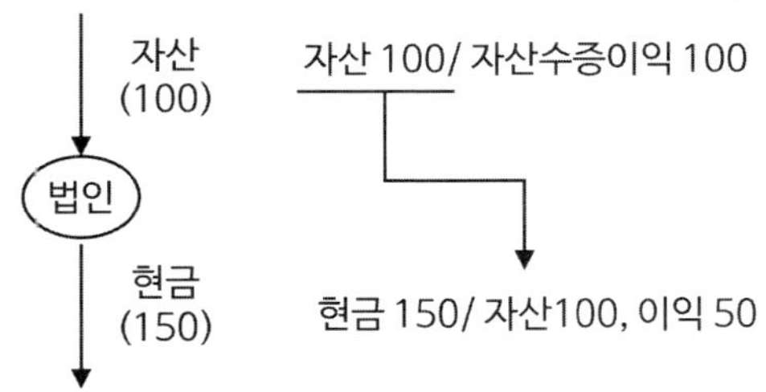

· **자산수증이익**

당초	환입	예시
손금항목	익금항목	재산세
손不항목	익不항목	법인세

×1

법인세 100	현금 100
손不	기사

×2

현금 20	수익 20
익不	기타

· **손금에 산입된 금액 중 환입액**

(1) 지출 당시 손금에 산입된 금액의 환입액
→ 익금항목 (예 : 재산세)

(2) 지출 당시 손금에 산입되지 않은 금액의 환입액
→ 익금불산입항목 (예 : 법인세)

cf) 지출 당시 자산의 취득가액에 가산한 금액의 환입액
→ 자산의 취득가액에서 차감(예 : 취득세)

· 국세·지방세 과오납금의 환급가산금

당초	환입	예시	이자
손금항목	익금항목	재산세	익不항목
손不항목	익不항목	법인세	

B	T	D
현금 100 / 수익 100	현금 100 / 자본 100	익不 환급금이자 100 기타

· 이익처분에 의하지 않고 손금으로 계상된 적립금액

By 이익처분× 손금계상 적립금액	(차) 비용 ××× (대) 사업확장적립금 ××× 손不 = 익入

B 비용 100/ 사업확장적립금 100
T 미처분이잉 100/ 사업확장적립금 100
D 손不 미처분이잉 100 (기타)

유가증권(시가 1,000, 취득가 100) 취득	
B 유가증권 100	현금 100
T 유가증권 1,000	현금 100 익금 900
D **익入** 유가증권 900 **유보**	

유가증권(처분가 1,000) 처분	
B 현금 1,000	유가증권 100 처분이익 900
T 현금 1,000	유가증권 1,000
D **익不** 유가증권 900 **△유보**	

· From 특수관계인 개인 + 유가증권 저가매입

특수관계인 **개인**

유가증권 **저가매입**

매입가액과 시가와의 차액

익금산입(유보)

→ 유가증권의 취득가액 = "시가"

· From 특수관계인 개인 + 유가증권 저가매입

구분	내용
자본거래	주발초/교환차익·이전차익/감자차익/합병차익·분할차익
이중과세방지	이월익금/손금불산입금액의 환급액/수입배당금 익금불산입
부채	부가가치세 매출세액
기타	자산의 일반적인 평가차익 자산수증이익·채무면제이익 중 이월결손금보전한 금액 출자전환시 채무면제이익 중 결손금 보전할 금액 국세·지방세 과오납금의 환급금에 대한 이자

· 익금불산입항목

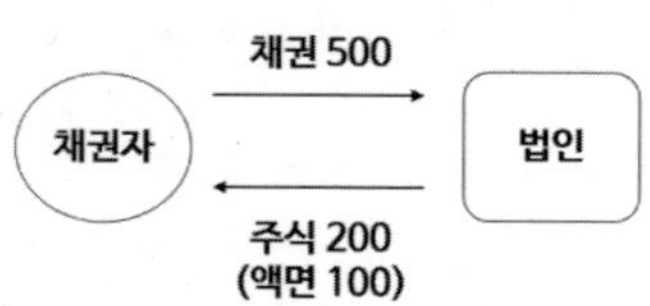

	차변	대변	
B	부채 500	자본금 100 주발초 400	상법
T	부채 500	자본금 100 주발초 100 채무면제이익 300	GAAP = 세법

D **익入** 채무면제이익 300 **기타**

· 주식발행액면초과액

채무의 출자전환시 주식발행가액의
시가초과분(출자전환시채무면제이익)은
주식발행액면초과액에서 제외한다.

· **출자전환시 채무면제이익**

주식발행가액 중 시가(액면)초과액
= 시가(액면)을 초과하는 발행가액

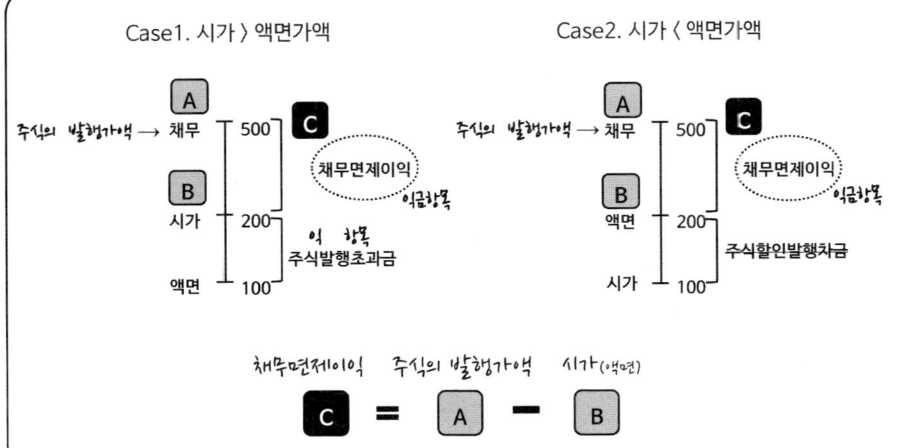

· **감자차익**

자본감소의 경우에 그 자본금의 감소액이 주식의 소각, 주금의 반환에 필요한 금액과 결손금 보전에 충당한 금액을 초과한 경우 그 초과금액

차변		대변	
자본금 A	500	현금 B ①	100
		결손금 B ②	100
		감자차익 C	300

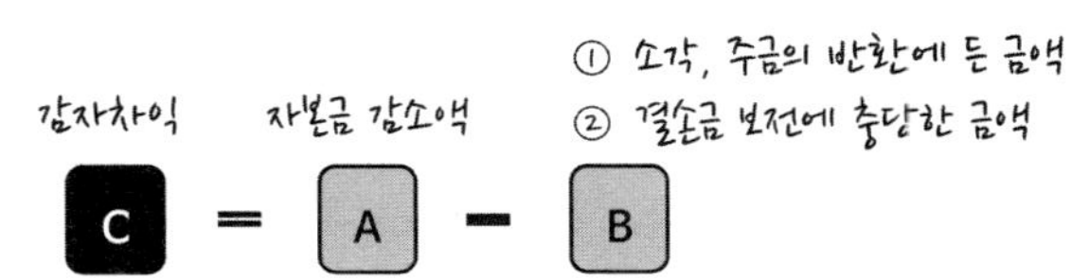

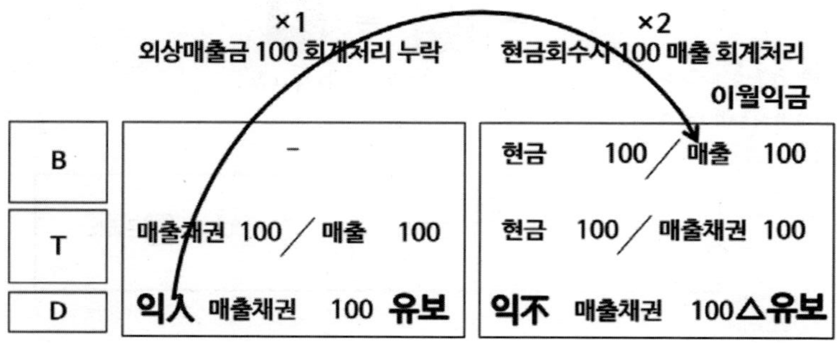

· **이월익금**

당기 전에 각사업연도소득으로 이미 과세된 소득을 해당 사업연도의 수익으로 계상한 금액

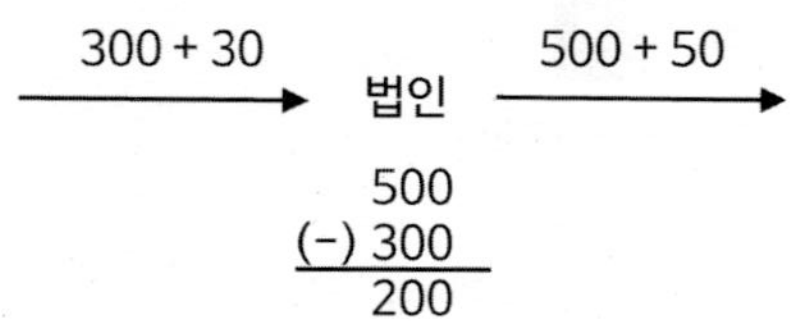

	차변	대변
매입시 :	매입 300 VAT 선급금 30	현금 330
매출시 :	현금 550	매출액 500 VAT 예수금 50
납부시 :	VAT 예수금50	VAT 선급금30 현금 20

· **부가가치세 매출세액**

사업자가 재화나 용역을 공급할 때 공급받는 자로부터 징수한 부가가치세

* 자산수증이익, 채무면제이익

1. 원칙 : 익금항목
2. 예외 : 익不항목
   - 이월결손금 보전에 충당한 부분 (발생연도 제한 無) — ① 일반
   - 결손금(미래) 보전에 충당할 부분 — ② 출자전환 채무면제이익 + 특정법인

· **자산수증이익·채무면제이익**

(1) 자산수증이익·채무면제이익
① 원칙 : 익금항목
② 특례 : 이월결손금의 보전에 충당된 부분
→ 익금불산입항목

(2) 출자전환시 채무면제이익
① 원칙 : 익금항목
② 특례 : 법 소정의 요건을 충족한 법인이 향후에 발생할 세무상 결손금 보전에 충당할 부분
→ 익금불산입항목

이월결손금 150, 당기순이익 200(자산수증이익 100 포함)

			발생연도 제한	공제 강제성
당기순이익	200	200		
세무조정	(100)	-	✕	✕
각사소득	100	200		
이비소	(50)	(150)	○	○
과세표준	50	50		

· **자산수증이익·채무면제이익**

자산수증이익·채무면제이익의 충당대상 이월결손금은 세무상 결손금(합병·분할시 승계받은 결손금은 제외)으로서 그 **발생시점에는 제한이 없다.**

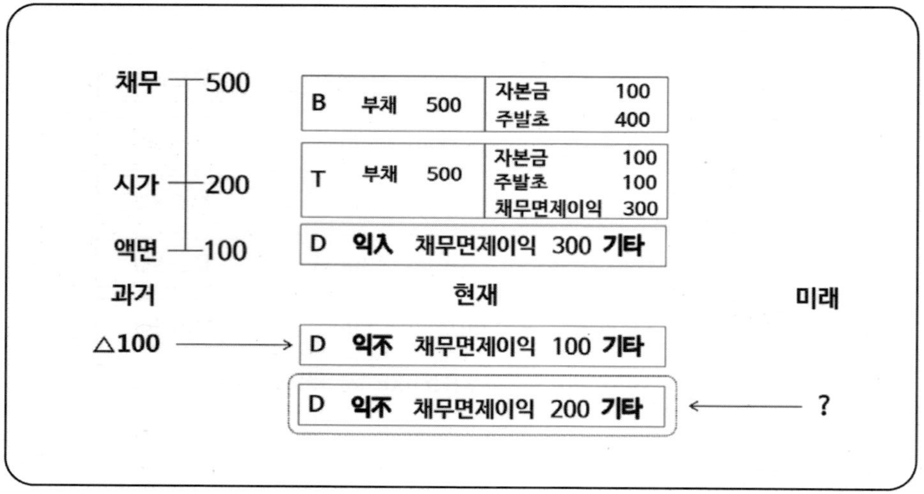

· **출자전환시 채무면제이익**

법 소정의 요건을 충족한 법인이 향후에 발생할 세무상 결손금 보전에 충당할 부분 → 익금불산입항목

* 법 소정의 요건을 충족한 법인
① 채무자회생 및 파산에 관한 법률에 따라 채무를 출자전환하는 내용이 포함된 회생계획인가의 결정을 받은 법인
② 기업구조조정촉진법에 따라 채무를 출자전환하는 내용이 포함된 경영정상화계획의 이행을 위한 약정을 체결한 부실징후기업
③ 해당 법인에 대하여 채권을 보유하고 있는 금융회사와 채무를 출자전환하는 내용이 포함된 경영정상화계획의 이행을 위한 협약을 체결한 법인
④ 기업 활력 제고를 위한 특별법에 따라 주무부처의 장으로부터 사업재편계획을 승인받은 법인

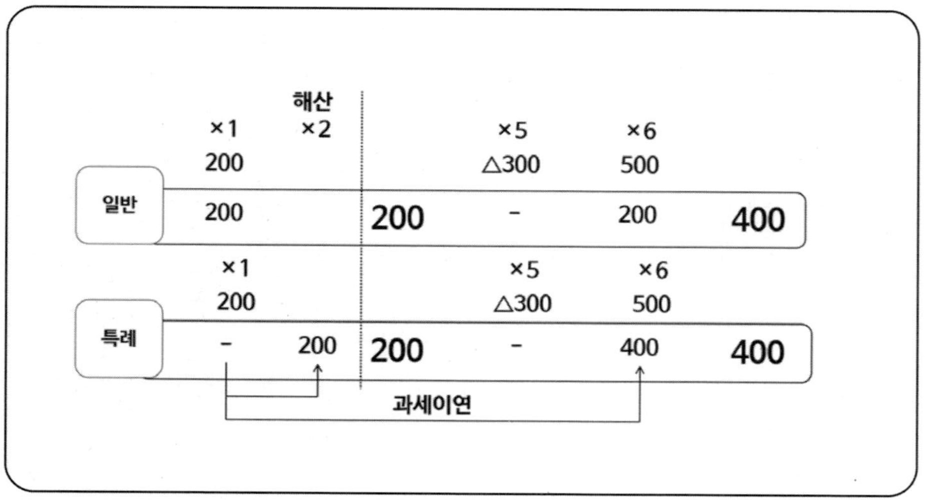

· **출자전환시 채무면제이익**

사업폐지·해산시 익금산입

법인이 익금에 산입하지 아니한 금액 전액을 결손금의 보전에 충당하기 전에 사업을 폐지하거나 해산하는 경우에는 그 사유가 발생한 날이 속하는 사업연도의 소득금액 계산에 있어서 결손금의 보전에 충당하지 아니한 금액 전액을 익금에 산입한다.

간주임대료 계산○			간주임대료 계산× → 간주임대료 계산○ (예외)	
1형 추계			2형 추계外	
B	-	월세	B	임대료
T	임대료		T	익금
D	**익入**		D	無
B	-	전세	B	운용수익
T	간주임대료		T	익금
D	**익入**		D	無

· **간주임대료**

간주임대료란 보증금에 대한 이자상당액으로 임대료로 간주하는 금액을 말한다.

	1형 추계	2형 추계外
대상	모든 법인 (All)	① 내국영리법인 ② 부동산임대업 주업 ③ 차입금 과다 (only)
계산	보증금적수 × $\frac{1}{365}$ × r	(보증금적수-건설비적수) × $\frac{1}{365}$ × r - 금융수익
	주택 포함	주택 제외

· **간주임대료**

부동산임대업을 주업으로 할 것
→ 당기말 임대사업자산이 총자산의 50% 이상

차입금과다법인일 것
→ 차입금적수가 자기자본적수의 2배를 초과

· 간주임대료

건설비 적수

① 건물의 취득가 + 자본적지출 토지× 감누× 재평가차익×

↓

② 임대개시일 ← 전 | 후 → 지출일

금융수익 (발생주의)

① 이자
② 배당
③ 신주인수권 처분이익
④ 유가증권 처분이익(순액)

ex) 주식A 100(처분이익) + 주식 B △80(처분손실) = 20(유가증권 처분이익)
if) △20(유가증권 처분손실) → 0

· 간주임대료

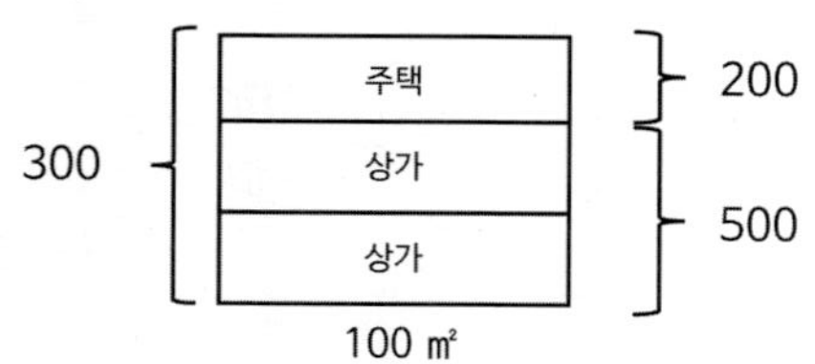

$$500 - 300 \times \frac{200㎡}{300㎡}$$

· 간주임대료 세무조정(추계외)

B	현금 100	금융수익 100
T	현금 100 유출 900	금융수익 100 간주임대료 900
D	익入 간주임대료 900 기사	

· 의제배당

의제배당이란 형식상 배당이 아니나 실질상 이익분배 성격으로 배당으로 간주하는 금액을 말한다.

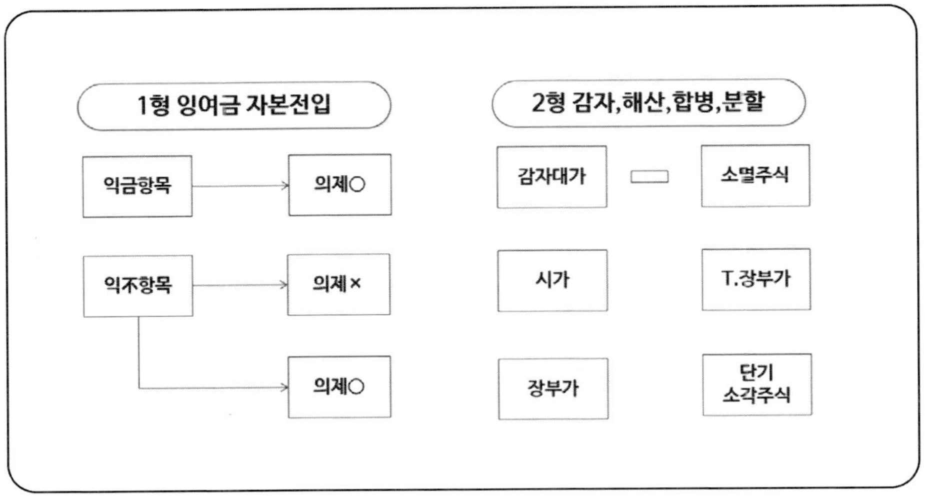

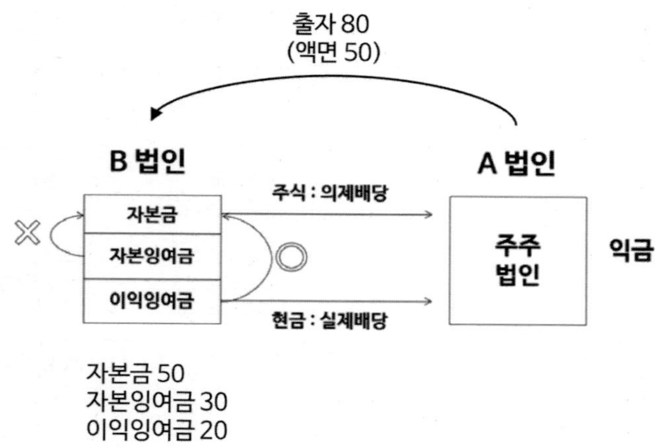

· **의제배당**

익금항목

이익잉여금
자기주식처분이익
재평가적립금
(재평가세 1%, 토지)

익不항목

주발초
감자차익
재평가적립금
(재평가세 3%, 자산)

무상증자 : 법정적립금, 자본잉여금

주식배당 : 미처분이잉 → 항상 의제배당

· **의제배당**

피투자회사의 무상증자나 주식배당(임의적립금 또는 미처분이익잉여금을 자본금으로 대체함으로서 신주를 발행·교부하는 것)을 통해 투자회사가 수령한 무상주는 기업회계에서는 수익으로 처리하지 않으나, 세법은 피투자회사의 자본전입 재원이 익금항목인 경우 배당으로 의제하여 과세한다.

토지 장부가 1억, 시가 10억

토지 9억/ 재평가적립금(자잉) 9억 → 익금항목 → 의제배당○
(재평가세 1%)

건물 9억/ 재평가적립금(자잉) 9억 → 익不항목 → 의제배당×
(재평가세 3%)

· 재평가적립금

B	無		
T	주식 20	배당 20	
D	익入	주식 20	유보

· 의제배당의 세무조정

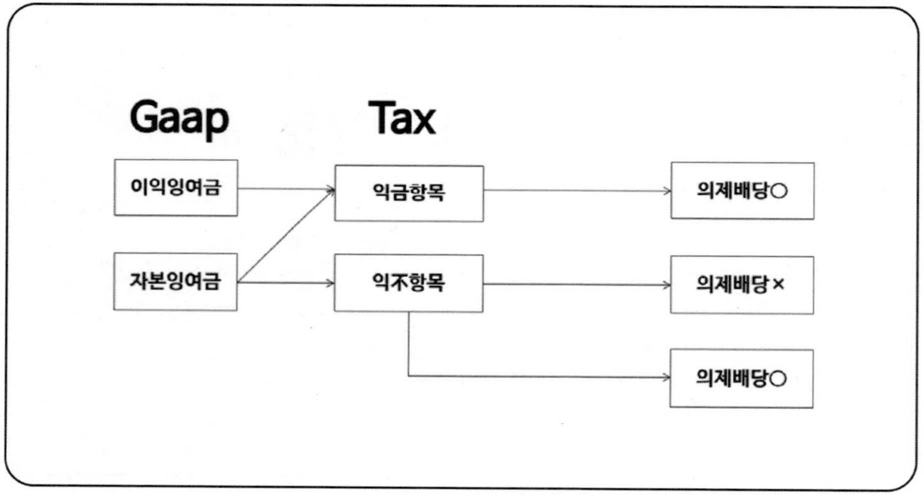

· **의제배당**

세무상 자본잉여금의 자본전입시에는 원칙적으로 의제배당에 해당하지 않지만 다음의 경우 세무상 자본잉여금의 자본전입임에도 예외적으로 배당으로 의제하여 과세한다.

예외① 다음의 자기주식소각이익의 자본전입에 따른 무상주 교부로서 다음 중 어느 하나에 해당하는 경우

a. 소각시 자기주식 시가가 취득가액을 초과하는 경우
b. 소각일부터 2년 내에 자본전입하는 경우

예외② 피투자회사가 자기주식을 보유한 상태에서 의제배당에 해당하지 않는 잉여금을 자본전입함에 따라 투자회사의 지분비율이 증가하는 경우 증가된 지분율에 해당하는 주식가액

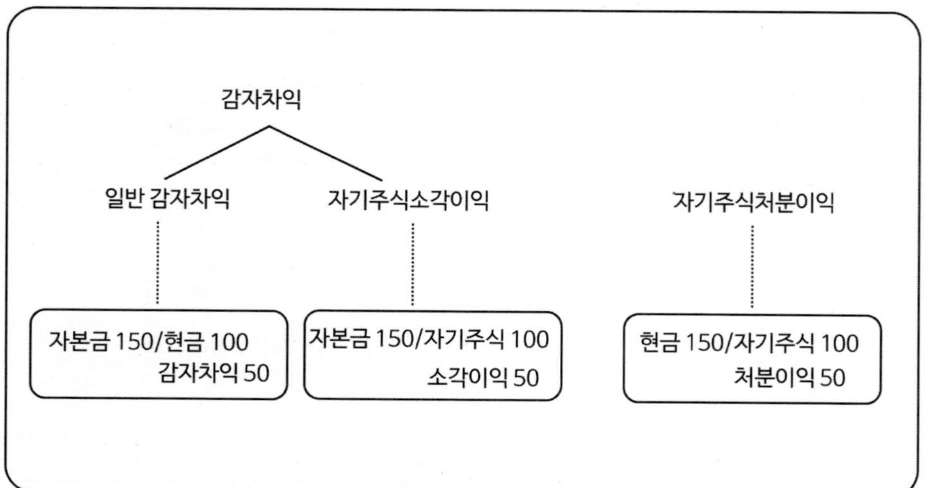

· **자기주식소각이익**

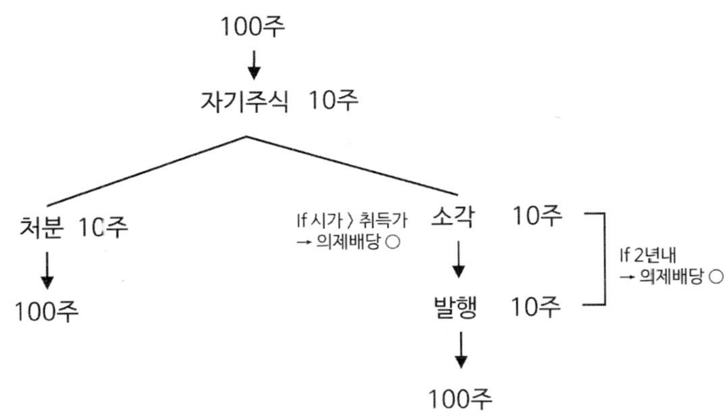

· **예외** ①

다음의 자기주식소각이익의 자본전입에 따른 무상주 교부로서 다음 중 어느 하나에 해당하는 경우

a. 소각시 자기주식 시가가 취득가액을 초과하는 경우
b. 소각일부터 2년 내에 자본전입하는 경우

구분	2년내	2년후
시가 〉 취득가	의제배당 ○	의제배당 ○
시가 ≤ 취득가	의제배당 ○	의제배당 x

· **예외** ①

If) 주식발행초과금 자본전입 → 무상주 200주

Case 1. 재배정하는 경우

주식수	증자전	1차	2차	증자후
A	100주 (50%)	100주	100주	300주 (75%)
자기주식	100주 (50%)	~~100주~~		100주 (25%)
계	200주	200주		400주

의제배당○

300주 (75%) (-) 200주 (50%) = 100주 (계산방법①)

400주 × 50% = 200주

자기주식 100주 → 2차 A 100주 (계산방법②)

· **예외 ②**

피투자회사가 자기주식을 보유한 상태에서
의제배당에 해당하지 않는 잉여금을 자본전입함에
따라 투자회사의 지분비율이 증가하는 경우 증가된
지분율에 해당하는 주식가액

A	30%	60주
C	50%	100주
자기주식(B)	20%	~~40주~~
		200주

$40주 \times \frac{30\%}{80\%} = 15주$

40주 → 200주 × 20%

80% → 1 - 20%

$200주 \times 20\% \times \frac{30\%}{1-20\%}$

200주 × 20% → 자기주식

30% → 나

1 - 20% → 자기주식

· **예외 ②**

Case 2. 재배정하지 않는 경우

주식수	증자전	1차	2차	증자후
A	100주 (50%)	100주		200주 (67%)
자기주식	100주 (50%)	~~100주~~		100주 (33%)
계	200주	200주		300주

계산방법①

(-) 150주 (50%) = 50주

50%

의제배당○

주식수	증자전	1차	2차	증자후
A	100주 (50%)	50주	50주	200주 (67%)
자기주식	100주 (50%)	~~50주~~		100주 (33%)
계	200주	100주		300주

계산방법②

· 예외 ②

구분		1차배당	2차배당
익금항목		의제배당○	의제배당○
익不항목	예외①	의제배당○	의제배당○
	나머지	의제배당x	의제배당○

· 예외 ①, ②

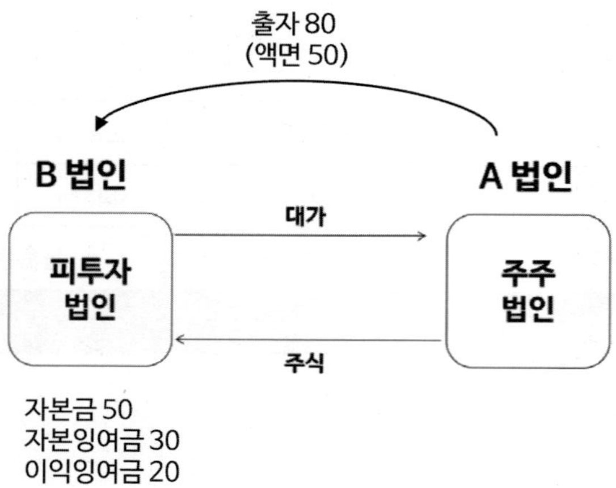

· 자본감소·해산·합병·분할로 인한 의제배당

	차변	대변
B	현금 100	주식 80 처분이익 20
T	현금 100	주식 80 배당 20
D	無	

· 세무조정

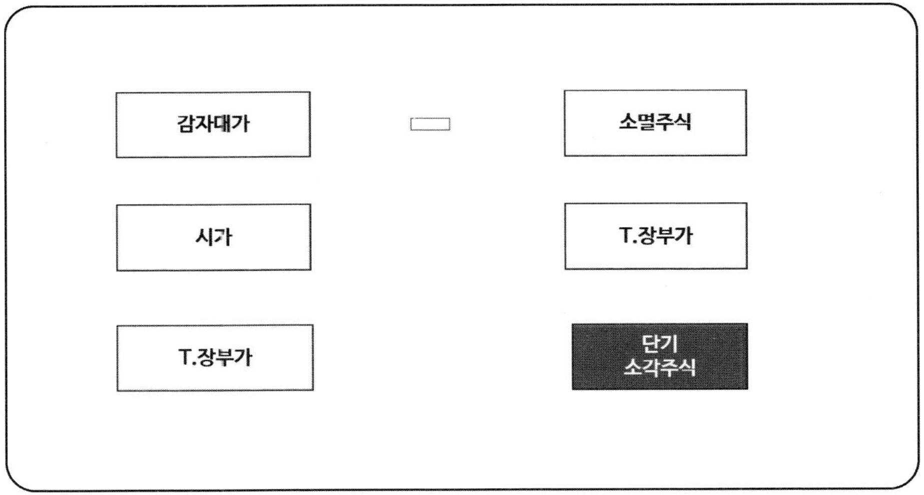

· **평가금액**

단기소각주식 : 감자 전 2년 이내에 의제배당으로 과세되지 않은 무상주

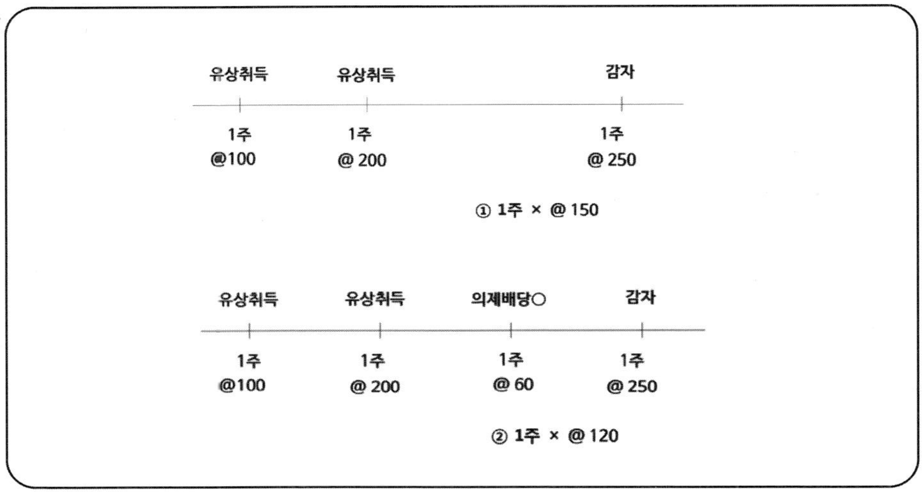

· **단기소각주식의 특례**

단기소각주식이 있는 경우 감자 등으로 인한 의제배당금액을 계산할 때 그 주식을 먼저 소각한 것으로 보며 그 주식의 취득가액은 '0'(영)으로 한다.

· 단기소각주식의 특례

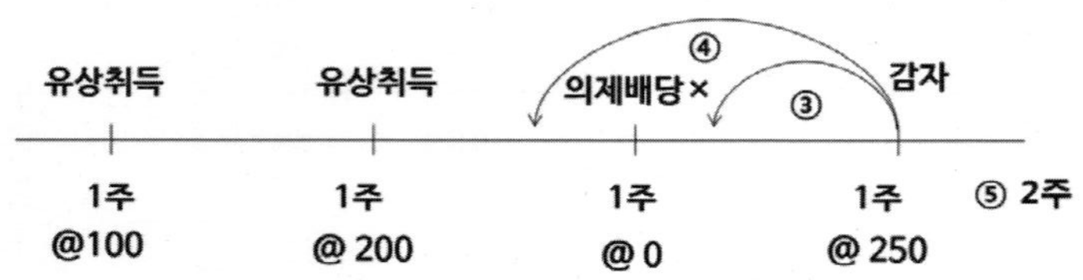

③ 1주 × @ 100
④ 1주 × @ 0
⑤ 1주 × @ 0 + 1주 × @150

· 수입배당금 익금불산입

법인의 배당소득에 대한 이중과세조정제도

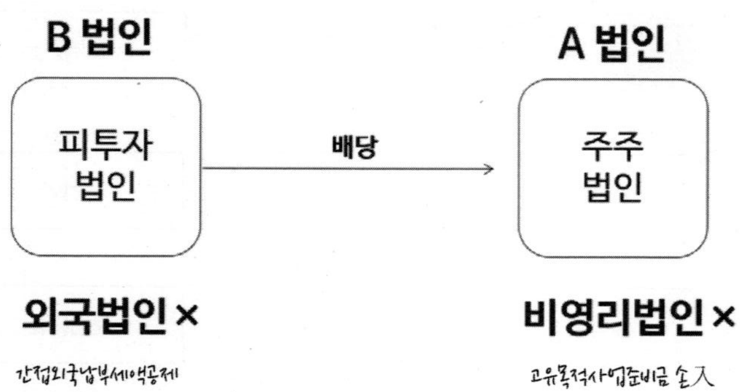

· **이중과세조정제도의 비교**

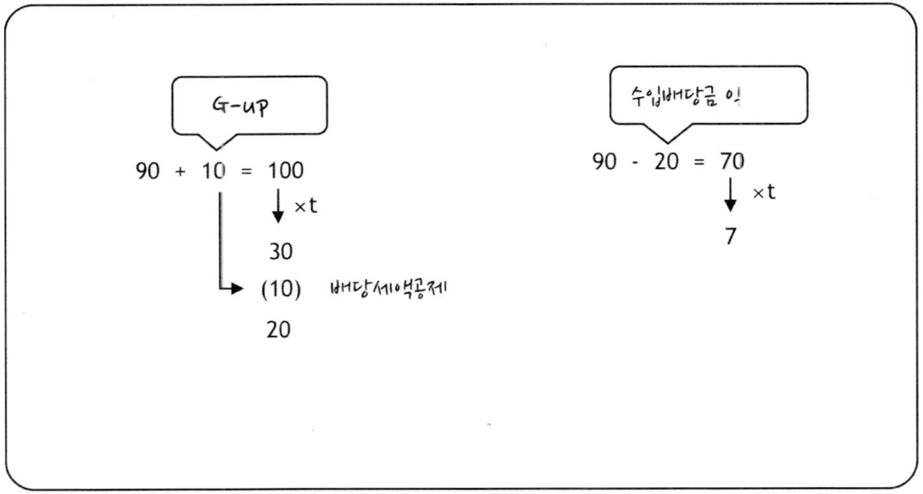

· **수입배당금 익금불산입**

[유형 I] 지주회사가 자회사로부터 받는
수입배당금의 익금불산입
→ 익금불산입률 80%, 100%

[유형 II] 내국법인이 다른 내국법인으로부터 받는
수입배당금의 익금불산입
→ 익금불산입률 30%, 50%, 100%

* 일정요건 충족시 [유형 I]을 적용받을 수 있으며,
요건 미충족시에는 [유형 II]를 적용받을 수 있다.
(중복적용×)

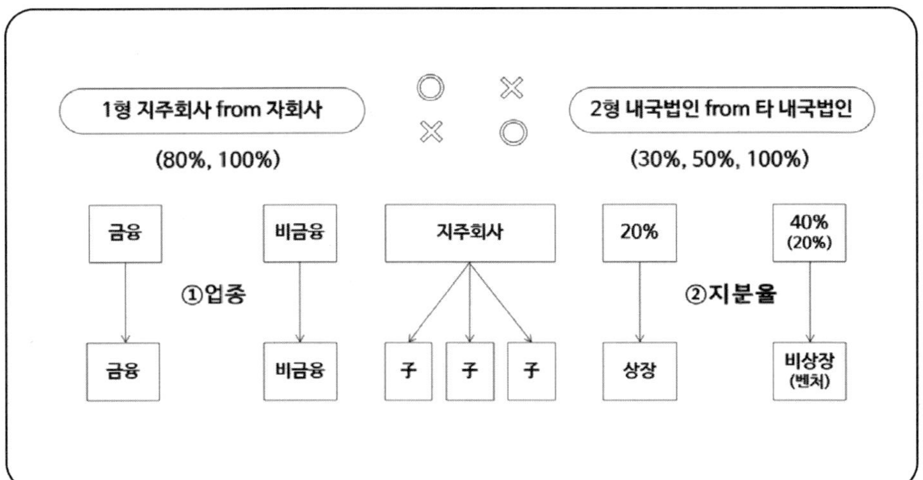

B	현금 100	배당금수익 100
T	현금 100	배당금수익 70 자본 30
D	익不 수입배당금 30	기타

· 수입배당금 익금불산입

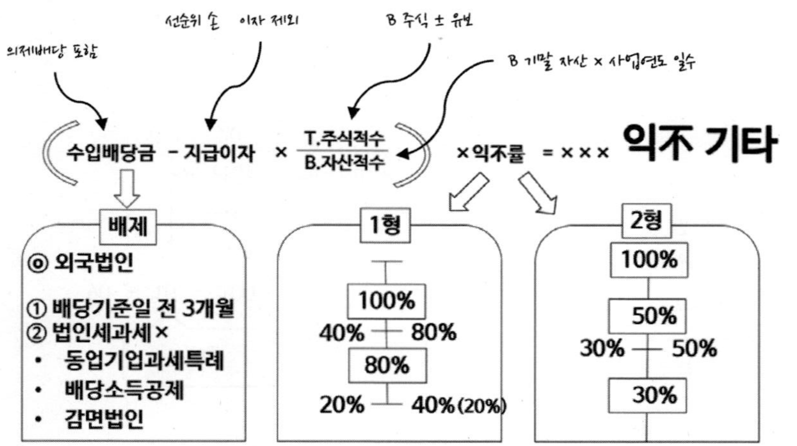

· 수입배당금 익금불산입

· 지급이자 차감액

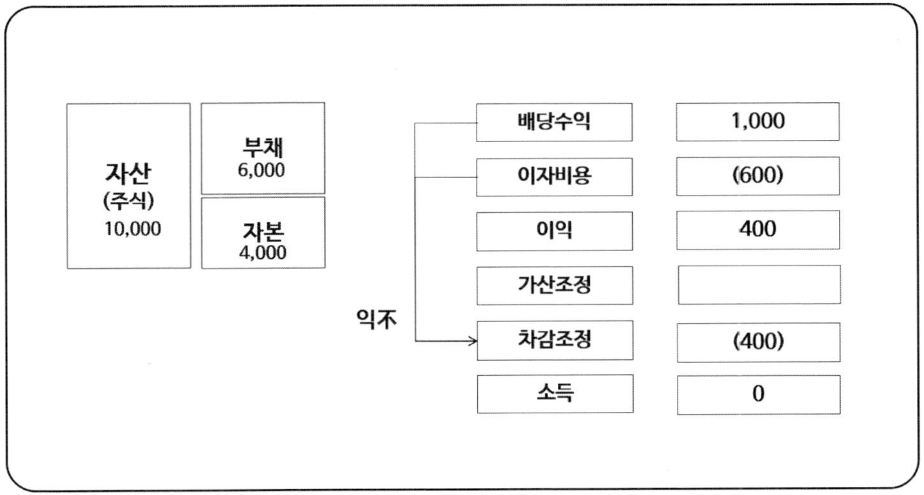

· 지급이자 차감액

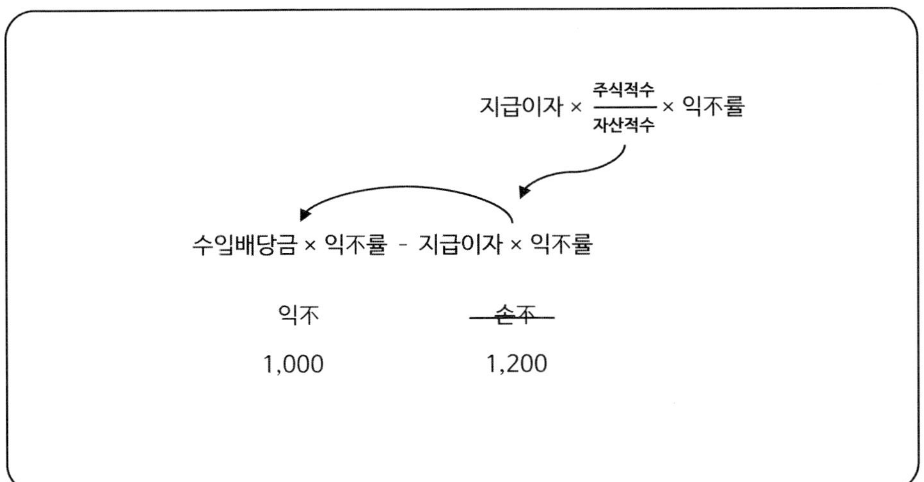

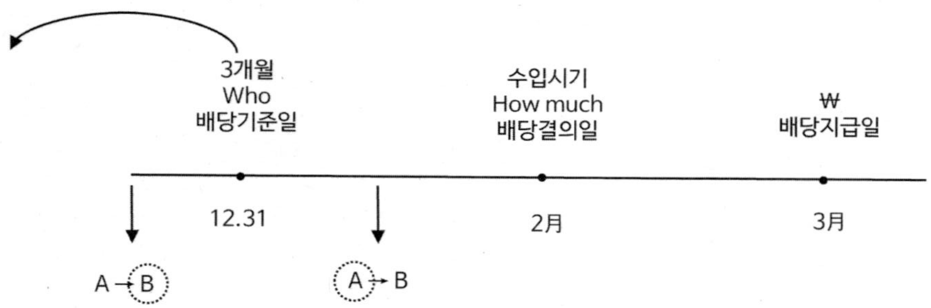

· **수입배당금 익금불산입 적용배제**

피투자회사의 **배당기준일 전 3개월 이내**에 취득한 주식에서 발생한 배당

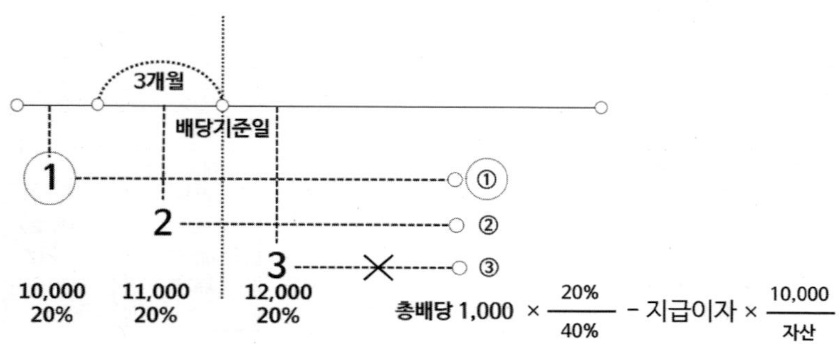

· **수입배당금 익금불산입 적용배제**

제4장

손금

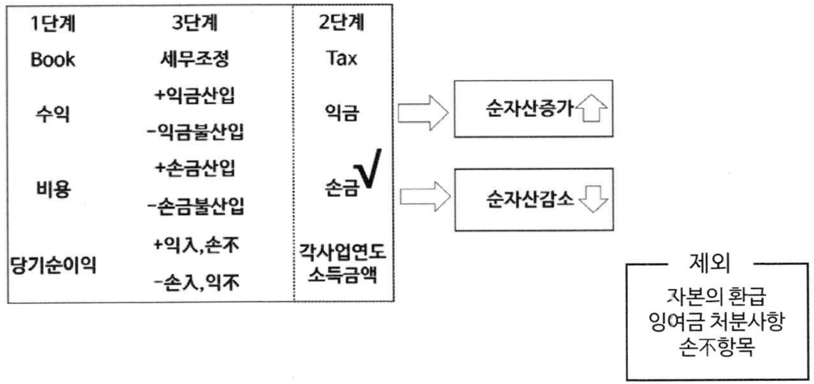

· **손금**

손금이란 해당 법인의 순자산을 감소시키는 거래로 인하여 발생하는 손비의 금액을 말한다. 다만, 자본 또는 지분의 환급·잉여금의 처분 및 법인세법에서 규정하고 있는 손금불산입항목은 제외한다.

손금 = 순자산감소액 - 자본 또는 지분의 환급·잉여금의 처분 - 손금불산입항목

손금항목	내용
상품·제품 원가	매입에누리·매입할인 제외
판매장려금	사전약정여부 불문
양도자산 장부가액	총액법→ 자산양도금액 : 익금항목

· **손금항목(예시규정)**

회수할 수 없는 매출세액미수금	대손세액공제를 받지 않은 매출세액
자산의 평가손실	① 원칙 : 손금불산입항목 ② 예외 : 손금항목(세법상 평가감)

· 손금항목(예시규정)

(차) 매출채권 110 (대) 매출액 100
VAT예수금 10

if) 대손세액공제 × (차) 대손금 110 (손금o) (대) 매출채권 110

if) 대손세액공제 o (차) 대손금 100 (손금x) (대) 매출채권 110
VAT예수금 10

· 회수할 수 없는 VAT 매출세액미수금

손금 : 부가가치세법상 **<u>대손세액공제를 받지 않은</u>** 부가가치세 매출세액에 한한다.

조합·협회비 법정단체 일반회비 : 손금, 이외의 회비 : 지정기부금

구분	일반회비	특별회비
법정단체	손금	지정기부금
임의단체	지정기부금	지정기부금

· 영업자가 조직한 단체에 대한 회비

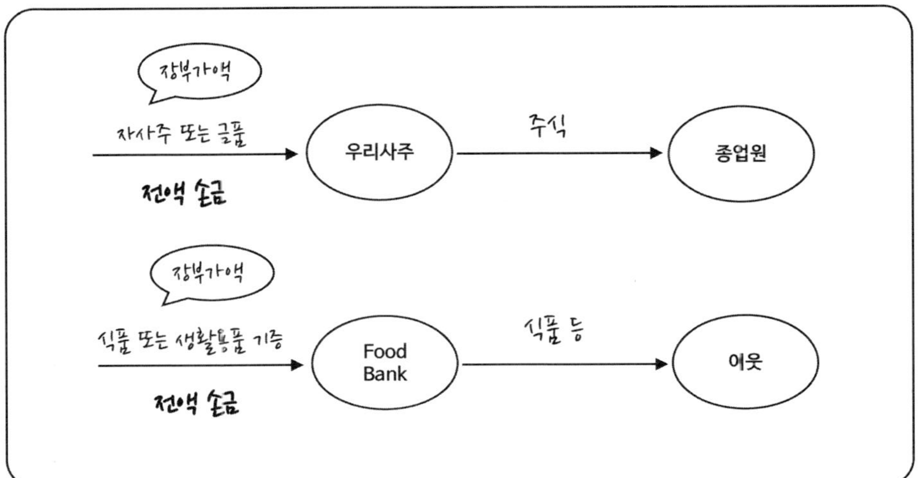

· 잉여식품 등/우리사주조합 출연금 등

· 광고선전물품

To. 특정인 **소액** **광고선전물품** → 접대비로 보지 않고 전액 손금

- To. 특정인 → To. 불특정다수 → 광고선전비
- 소액 → 거래처별 합계액 **3만원 이하**일 것 (건당 1만원이하의 물품은 제외)
- 광고선전물품 → 현금x, 현물O

Case 1. x1년도 A법인에 대한 광고선전물품

~~1만원~~ × 10개 = 10만원
3만원 × 1개 = 3만원 (3만원이하)
] 접대비 0원, 광고선전비 13만원

Case 2. x1년도 B법인에 대한 광고선전물품

~~1만원~~ × 3개 = 3만원
2만원 × 2개 = 4만원 (3만원초과)
] 접대비 4만원, 광고선전비 3만원

· 소액미술품

비용계상한 **소액** **미술품** → 전액 손금

- 비용계상한 → 결산조정사항
- 소액 → 건별 **500만원 이하**일 것
- 미술품 → 업무무관자산이 아닐 것

건별 5백만원 이하		
B	자산	비용
T	자산	손금
T/A	無	無

건별 5백만원 초과		
B	자산	비용
T	자산	자산
T/A	無	손不(유보)

· **손금불산입항목**

구분	내용
자본거래	주식할인발행차금, 잉여금처분사항
과다경비 등	임직원이 아닌 지배주주 등에게 지급한 여비와 교육훈련비 공동경비 중 법정분담기준을 초과하여 지출한 금액
업무무관비용	출자임원에게 제공한 사택유지비 뇌물, 노동조합 전임자에게 지급한 급여 업무무관자산을 보유로 인한 비용
기타	자산의 평가차손 각종 한도초과금액

· **여비와 교육훈련비 vs 사택유지비**

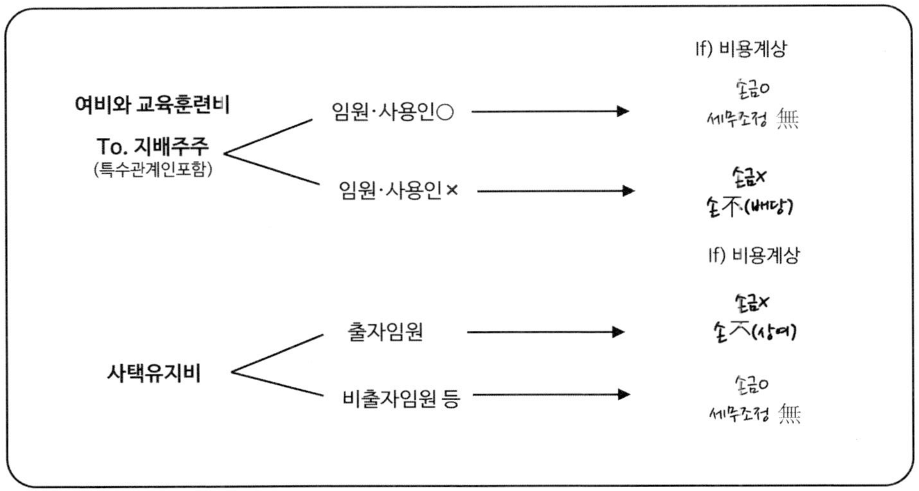

<u>임원 또는 사용인이 아닌</u> 지배주주 등에게 지급한 여비와 교육훈련비
→ 손금불산입(배당)

해당 법인의 주주 등(소액주주는 제외) 또는 출연자인 임원 또는 그 친족이 사용하고 있는 사택의 유지비·관리비·사용료와 이에 관련되는 지출금
→ 손금불산입(상여 등)

* 소액주주 : 지분율 1% 미만의 주주(지배주주 등과 특수관계에 있는 자는 제외)

If) A, AA, AAA는 특수관계법인 & 선택가능한 비율 중 선택하지 아니한 경우

공동광고선전비
100

	A	AA	AAA
S (전기 매출액)	500	300	200
B (실제분담액)	60	30	10
T (세법상분담액)	50	30	20
T/A	손不(기타사외유출)	無	無

· **공동경비**

구분		공동경비분담기준
출자공동사업		출자비율
비출자 공동사업	특수관계인간	매출액비율, 총자산비율, 일정한 경우 기타비율
	비특수관계인간	약정비율

· **공동경비분담기준**

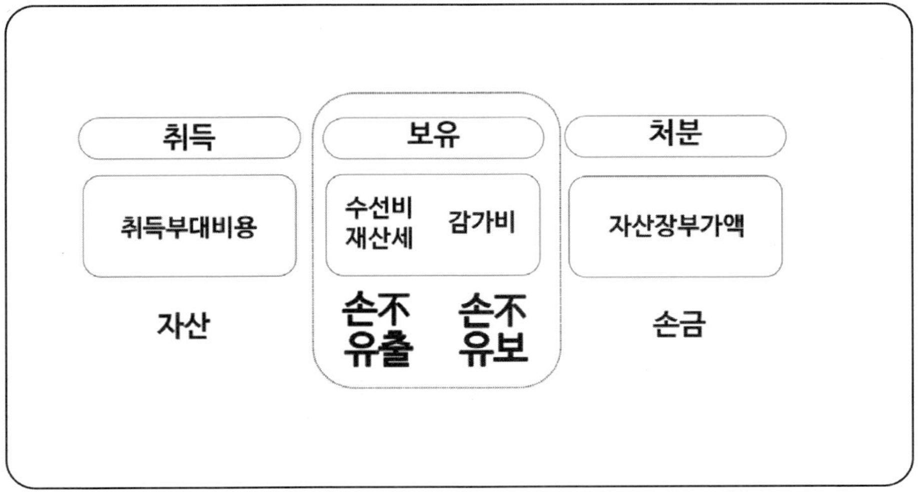

· **업무무관자산**

구분	취득	보유	처분
업무관련자산	500	100	400
업무무관자산	500	-	500

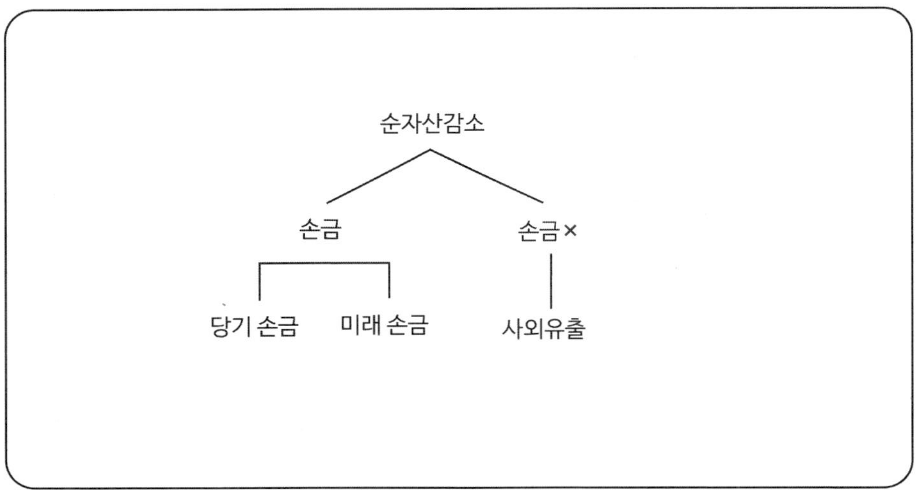

· **손금배분의 원칙**

법인에게 귀속되는 손금은 일반적으로 공정·타당하다고 인정되는 기업회계기준에 준거하여 판매비와 관리비, 제조원가, 자산취득가액(자산의 매입부대비용 포함) 등으로 배분하여야 한다.

손금항목

B	비용	자산 ——→	비용
T	손금	자산	손금
D	無	無	無

· 손금항목

손不항목

B	비용	자산 ——→	비용
T	손不	자산不	손不
D	손不(유출)	손入(△유보) 손不(유출)	손不(유보)

· 손금불산입항목

· 손금불산입항목

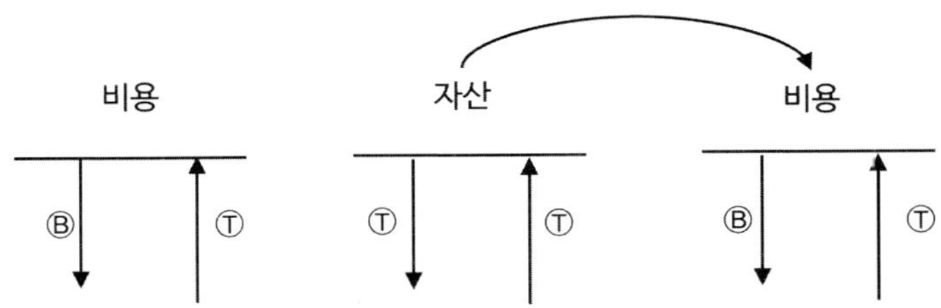

· 손금배분의 원칙

Book

TAX	비용처리	자산처리
당기손금	세무조정 無	손入(△유보)
미래손금	손不(유보) 즉시상각의제	無
손금불산입	손不(유출)	손入(△유보) 손不 (유출)

구분	한쪽조정 (BS계정 / IS계정)	양쪽조정 (BS계정 / BS계정)	조정無 (IS계정 / IS계정)
Ⓑ	비용 100 / 현금 100	건물 100 / 현금 100	광고선전비 100 / 현금 100
Ⓣ	사외유출 100 / 현금 100	사외유출 100 / 현금 100	접대비 100 / 현금 100
차이조정	**사외유출 100 / 비용 100**	**사외유출 100 / 건물 100**	**접대비 100 / 광고선전비 100**
T/A	손不 100 (사외유출)	손入 100 (△유보) 손不 100 (사외유출)	세무조정無

· **한쪽조정 vs 양쪽조정**

구 분	손금인정여부	가산세
접대비 **(건당 1만원* 초과)**	**손금×**	×
기타손비 **(건당 3만원 초과)**	**손금○**	○

* 경조사비는 20만원

· **법정증빙서류 미수취시 제재**

원칙	손금항목
예외	손不항목

세금	공과금	벌금
법인세 VAT매입세액 간접세 가산세	임의적	벌과금 가산금

· 세금과 공과금

법인세, 농어촌특별세(Surtax), 법인지방소득세 ⟶ 손不(기타사외유출)

법인세	100
감면세액	(30)
납부세액	70

⟶ (20%) 6(농어촌특별세)

· 법인세

· **부가가치세 불공제매입세액의 처리**

	차변	대변
매입시 :	매입 300 VAT 선급금 30	현금 330
매출시 :	현금 550	매출액 500 VAT 예수금 50
납부시 :	VAT 예수금50	VAT 선급금30 현금 20

1. 원칙 : 손不항목(VAT선급금)

2. 예외 : 손금항목

손不항목 → 면세사등 접대비 영간

B 비용 110 / 현금 110

T 비용 100 / 유출10 / 현금 110

D 손不 부가가치세 10 (기타사외유출)

· **간접세**

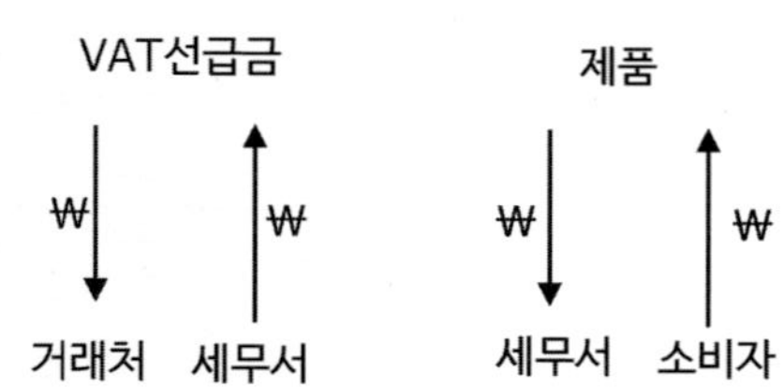

· **개별소비세, 주세, 교통·에너지·환경세**

반출하였으나 판매하지 아니한 제품에 대한
개별소비세 또는 주세의 미납액은 손금에 산입하지
아니한다. 다만, 제품가격에 그 세액에 상당하는
금액을 가산한 경우에는 예외로 한다.

B	(차) 제품 100 비용 30	(대) 현금 100 미지급제세공과금 30
T	(차) 제품 130	(대) 현금 100 미지급제세공과금 30
T/A	손不 제품 30 (유보)	

B	(차) 매출원가 100	(대) 제품100
T	(차) 매출원가 130	(대) 제품 130
T/A	손入 제품 30 (△유보)	

· **등록면허세**

	TAX	If) 비용계상시
① 자산취득	자산	손不(유보), 즉시상각의제
② 증자	신주발행비(주발초차감)	손不(기타)
③ 기타	손금	無

		If) 비용계상시
당기손금	교통유발부담금, 폐기물처리부담금	無
미래손금	개발부담금, 하수종말처리장설치부담금	손不(유보)
손不항목	임의출연금, 폐수배출부담금	손不(기사)

· **공과금**

원칙	**손금항목**	**과다 인건비**	**초과 인건비 (임원)**	**잉여금 처분 상여**
예외	**손不항목**			

· **인건비**

(1) 과다인건비 → 손不(상여)
① To 지배주주등 임직원 과다보수
② To 비상근임원 부당보수
③ To 노무출자사원 보수

(2) 초과인건비 → 손不(상여)
① **임원**상여금 한도초과액
② **임원**퇴직급여 한도초과액

(3) 잉여금처분상여

· 임원상여금 한도초과액 및 임원퇴직급여 한도초과액

구분	종업원	임원
한도내	손금	손금
한도초과	손금	손不

· 임원상여금 한도초과액 및 임원퇴직급여 한도초과액

정관, 주총, 이사회결의

정관, 정관위임

구분	임원상여금	임원퇴직금
규정○	규정상한도	규정상한도
규정×	"0"	세법상한도

손不 인건비
비과세근로소득

(제외)

직전1년 총급여액 ×10% ×근속연수

(계산)

1개월미만절사

9년 3개월 20일 → 9.25년

원칙	손不항목	By 사전서면약정	우리사주조합	차액결제형
예외	손금항목	성과배분 상여금	자기주식 상여금	Stock Option
	종업원	○	○	○
	임원	×	×	○

· **잉여금처분상여**

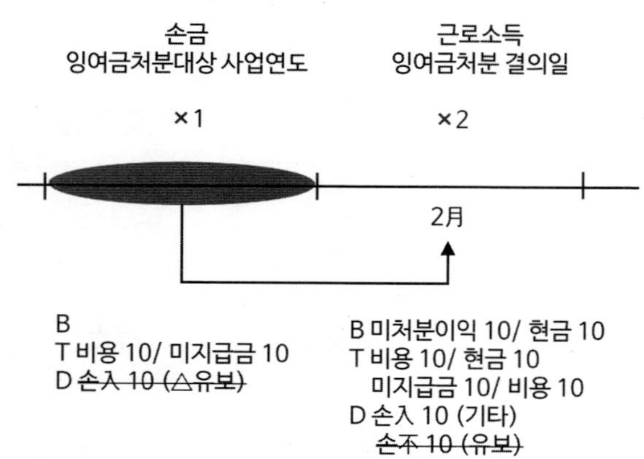

· **잉여금처분상여**

이익처분에 의하여 지급하는 상여금은 손금불산입항목이나 일정한 경우에는 **이익처분의 대상이 되는 사업연도**의 손금으로 인정한다.

· 접대비 vs 기부금

구분	접대비	기부금
범위		
현물		
귀속시기		
시부인구조		
한도		

· 접대비 vs 광고선전비 vs 기부금

구분	접대비	광고선전비	기부금
특정인	○	×	○
업무관련성	○	○	×
	한도내손금	전액손금	한도내손금

TAX 접대비 해당액 ≠ IS 접대비 계상액

B 50 = 20 + 30
T 20
D 30 손不(기사)

B	접대비 20 광고선전비 30	/ 현금 50
T	접대비 50	/ 현금 50
D	세무조정 無	

· 접대비 세무조정

○ 주주등 개인비용　전액 손不(배당 등)
○ To 사용인 단체 ─ 법인O: 접대비 / 법인x: 복리후생비
○ by 약정 채권포기액 ─ 정당한 사유x: 접대비 기부금 / 정당한 사유O: 대손금
○ 특정인에 대한 광고선전물품 ─ 소액x: 접대비 / 소액O: 광고선전비
○ 접대비관련 매출세액, 매입세액불공제액　접대비

· 접대비의 범위

접대비관련 매입세액
(외부구입품 접대)

100 + 10(VAT) → A법인 → 300 + 30(VAT)

접대비관련 매출세액
(자가제조품 접대)

If) 제품시가 = 원가 = 300

(차) 접대비 100 (대) 현금 110
~~VAT 선급금 10~~
접대비 10
(매입세액불공제)

(차) 접대비 300 (대) 제품 300
~~현금 30~~ VAT 예수금 30
접대비 30
(사업상증여)

· 접대비관련 매입세액 & 매출세액

Max[시가, 장부가액]

제품(MV 300, BV 100)을 거래처 증정

B	접대비 130	제품 100 매출세액 30
T	접대비 330	제품 100 매출세액 30 처분이익 200
D	無	

손入 200 익入 200

B 130(IS) + 200
T
D

· 현물접대비의 평가

1. 직접적인 세무조정×
2. To be와 As is의 차액 → IS 상의 접대비에 가산

Max[시가, 장부가] + VAT

↑

비상각자산 : 시가 × 10%
간주시가 : 간주시가 × 10%

· 현물접대비

금전 이외의 자산으로 제공한 경우 해당 자산의 가액은 이를 제공한 때의 시가(시가가 장부가액보다 낮은 경우에는 장부가액)에 의한다.

발생주의

×1 미지급접대비 100발생_회계처리누락

B	無	
T	접대비 100	미지급금 100
D	손入 접대비 100	△유보

B	0(IS)	+100
T		
D		

· 접대비의 귀속시기

접대행위가 이루어진 날을 기준으로 한다. 따라서 접대행위가 일어났으나 아직 미지급된 금액도 해당 사업연도의 접대비로 본다.

또한 접대비를 지출한 사업연도의 손비로 처리하지 않고 선급비용으로 이연처리한 경우에도 이를 인정하지 않고 지출한 사업연도의 접대비로 본다.

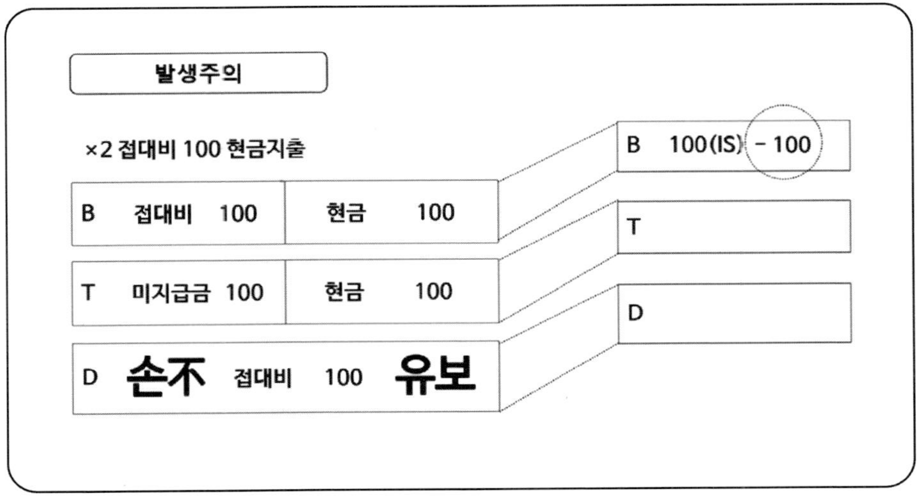

· 접대비의 귀속시기

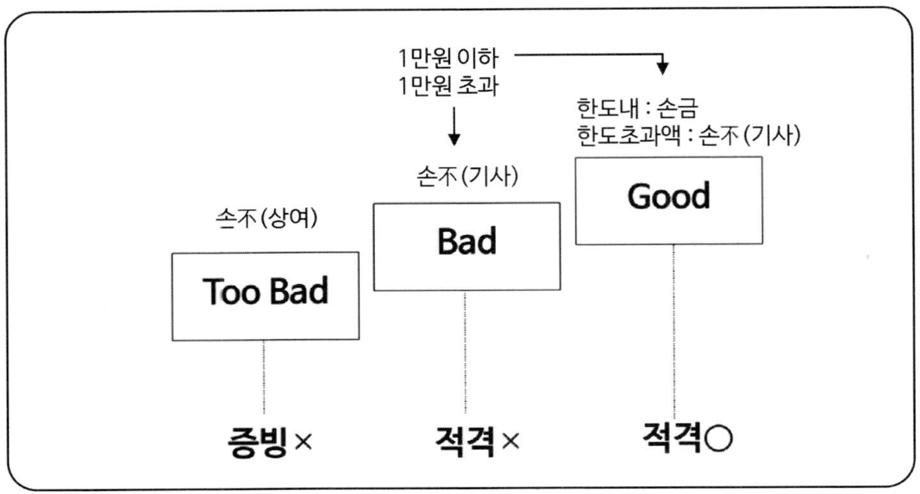

· 접대비의 종류

○ 신카/직카/선카/현금영수증

○ 세금계산서/계산서

○ 원천징수영수증

어려움	불가능
국외특정	현물접대비
농어민	채권포기액

· **법정증빙서류 미수취분의 처리**

① 원칙 : 직부인 → 손금불산입(기타사외유출)

건당 1만원(경조사비의 경우는 20만원)을 초과하는 접대비로서 법정증빙서류를 수취하지 않고 영수증을 수취한 것은 손금불산입하고 기타사외유출로 처분한다.

② 예외 : 시부인 - 한도초과분 → 손금불산입(기타사외유출)

자가생산 제품으로 제공한 현물접대비 등 일정한 접대비는 법정증빙서류를 수취할 수 없으므로 직부인하지 않고 한도계산의 적용을 받는다.

나	상대방
임직원명의	위장가맹점

→ 영수증수취분 ←

1만원 이하 : 한도내 손금

1만원 초과 : 손不(기사)

· **법정증빙서류 미수취분(영수증 수취분)**

다음의 증빙 또한 적격증명서류 미수취분(영수증 수취분)으로 본다.

✓ 법인 명의로 발급받지 않은 신용카드사용분(임직원 명의의 신용카드 매출전표 등)
✓ 위장가맹점에 대한 신용카드사용분

1단계 BOOK (접대비 시부인 전)

2단계 B T D (접대비 시부인)

3단계 자산감액조정

· 접대비 세무조정

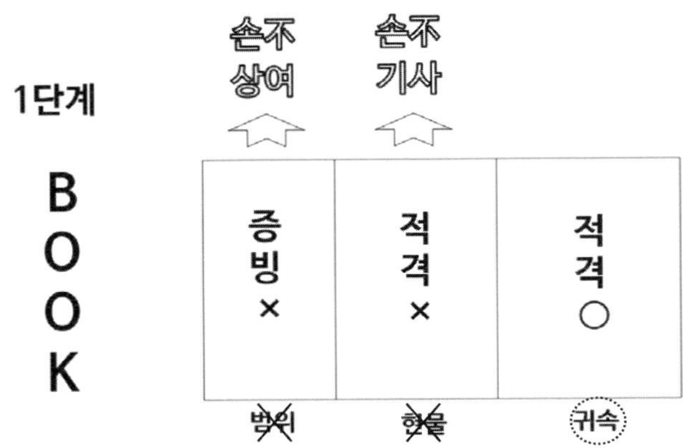

· 1단계 접대비 시부인 전단계 조정

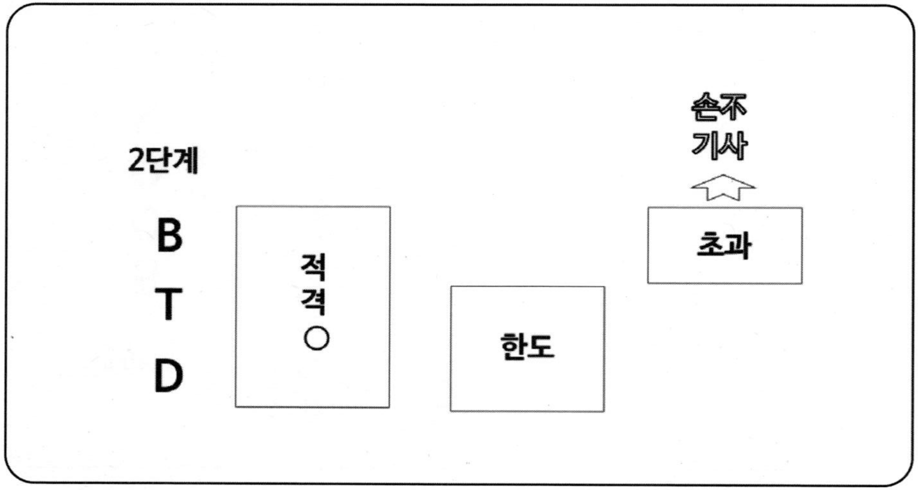

· 2단계 접대비 시부인

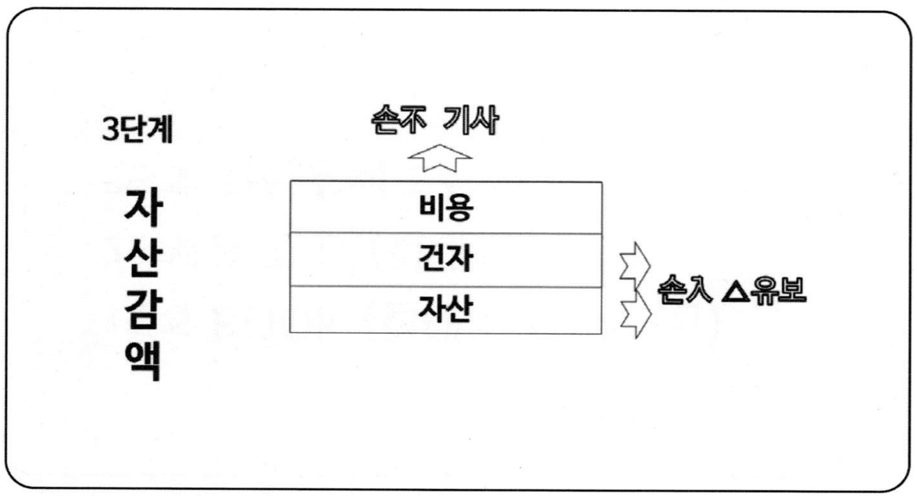

· 3단계 자산계상 접대비 감액조정

·3단계 자산계상 접대비 감액조정

B	T	D	
비용 10		10	
건자 20		20	→ 손入(△유보)
건물 30	20	10	→ 손入(△유보)
60	20	40	→ 손不(기사)

· 접대비 한도

한도 = A + B

A ① + ②

① 기본한도 12백(24백) × $\frac{月}{12}$

② 수입금액한도 일반 × 적용률 + 특정 × 적용률 × 10%

B Min(①, ②)

① 문화접대비

② A × 20%

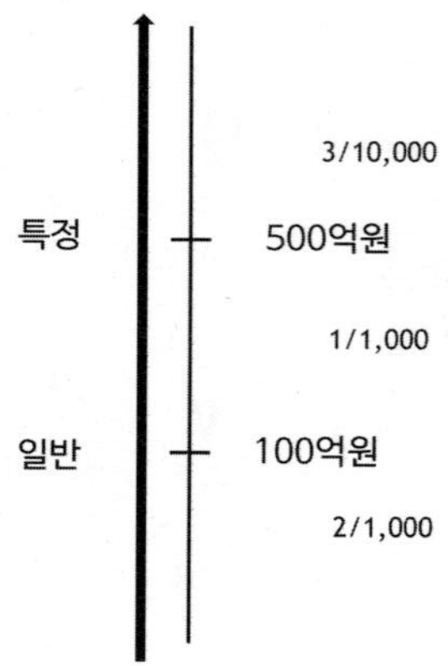

· A법인 일반 100억

100억 × 2/1,000 = 20

· B법인 : 일반 100억 + 특정 100억

100억 × 2/1,000 + 100억 × 1/1,000 × 10% = 21

If) 특정매출부터 높은 적용률을 먼저 적용하는 경우

A법인 : 100억 × 2/1,000 = 20

B법인 : 100억 × 2/1,000 × 10% + 100억 × 1/1,000 = 12

이 경우 B법인의 매출이 A법인보다 많음에도 B법인의 수입금액한도가 더 적게 산정되는 문제점이 있음 (특수관계인 매출에 대한 과도한 제재)

· 수입금액의 적용률

일반수입금액과 특수관계인에 대한 수입금액이 함께 있는 경우에는 일반수입금액부터 수입금액 적용률을 적용한다.

GAAP 매출액

IS 매출액
- 에, 환, 할
+ 부산물매각대
+ 중단사업매출액
+ 임대료
± 수입금액조정

If) 임대업으로 임대료를 영업외수익계상한 경우

장부상 매출액 ≠ GAAP매출액

· 수입금액

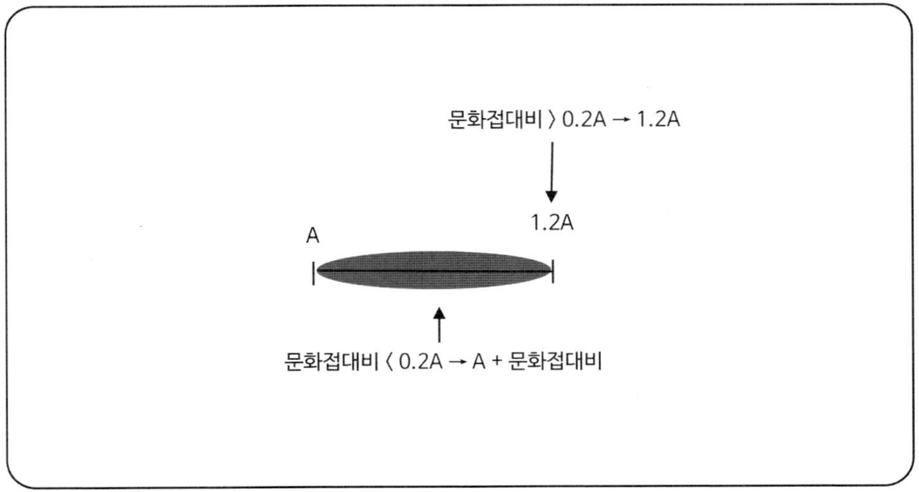

· **문화접대비한도**

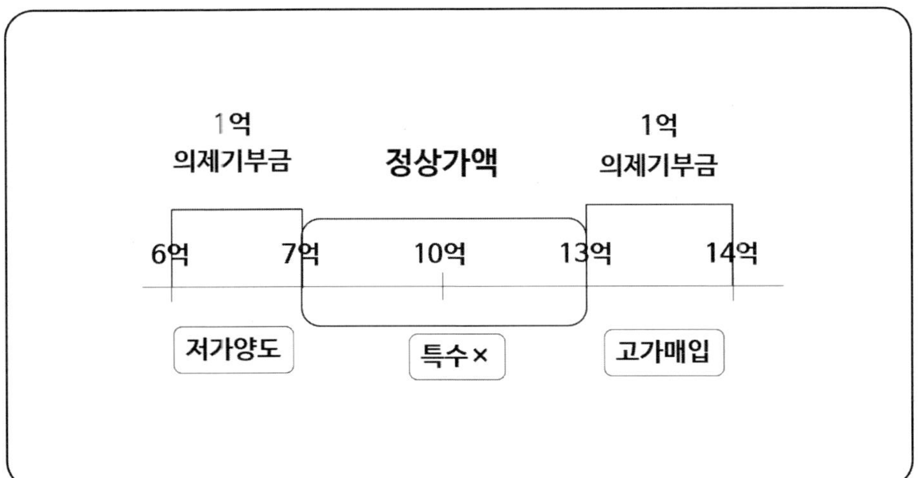

· **의제기부금**

법인이 **<u>특수관계인 외의 자</u>**에게 정당한 사유없이 자산을 **<u>정상가액</u>***보다 낮은 가액으로 양도하거나 높은 가액으로 매입함으로써 그 차액 중 실질적으로 증여한 것으로 인정되는 금액

* 정상가액 : 시가의 ±30% 범위 내의 금액
① 저가양도 : 시가의 70%
② 고가매입 : 시가의 130%

특수× + 저가양도, 고가매입 : 의제기부금 → 정상가액

특수○ + 저가양도, 고가매입 : 부당행위계산부인 → 시가

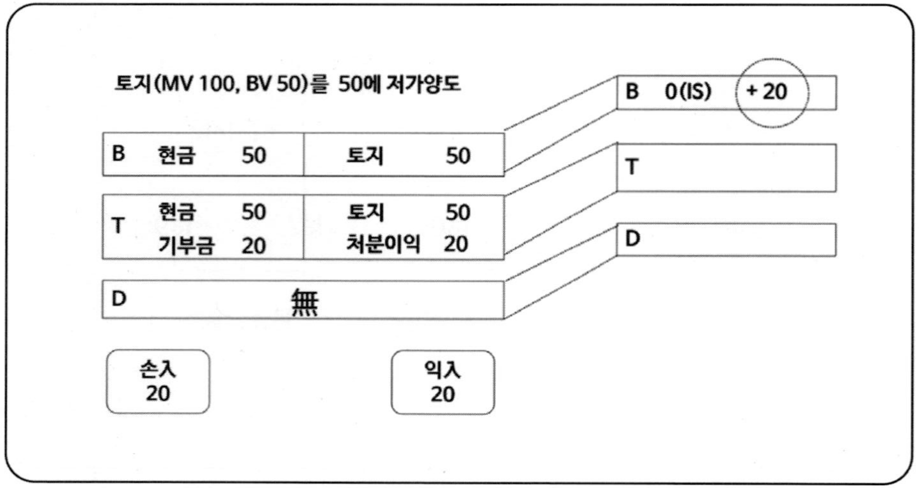

· **비특수관계인 + 저가양도**

전기유보가 없는 경우 별도의 직접적인 세무조정 없이 정상가액 미달액을 회사계상 기부금으로 보아 한도시부인한다.

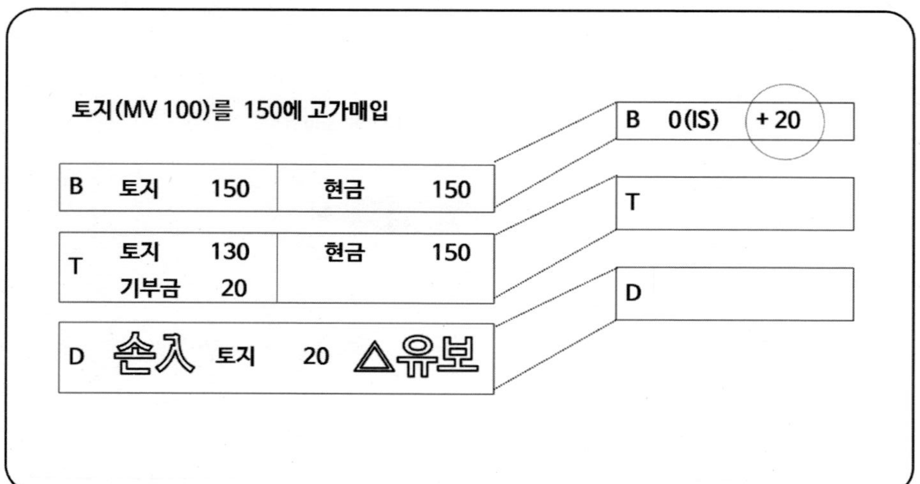

· **비특수관계인 + 고가매입**

회사계상 자산가액 중 정상가액초과액은 손금산입하고 기부금으로 보아 한도시부인한다.

한도내 : 손금
한도초과액 : 손不(기사)

손不(기사) 한도無	10%	50%
Bad	Good	Better
비지정	**지정**	**법정**

· **기부금의 종류**

요건 + 신청

사회복지공동모금회
재단법인 바보의 나눔

대한적십자사
독립기념관
근로복지공단

· **법정기부금단체**

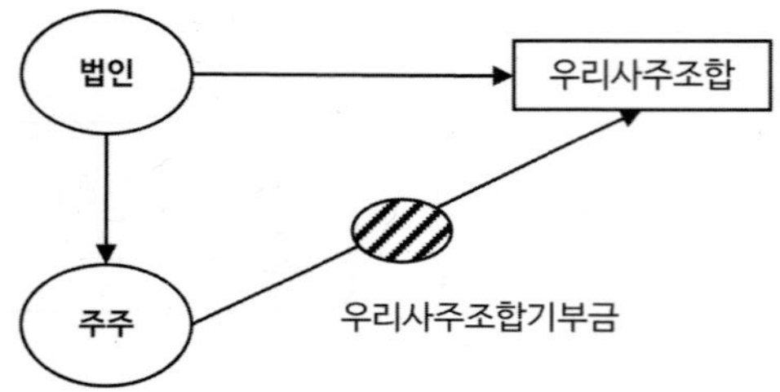

· **우리사주조합기부금**

법인이 우리사주조합에 지출하는 기부금

cf) 법인이 자신의 소속 근로자가 설립한
우리사주조합에 출연하는 자사주의 장부가액 또는
금품은 전액 손금에 해당한다.

· **현물기부금**

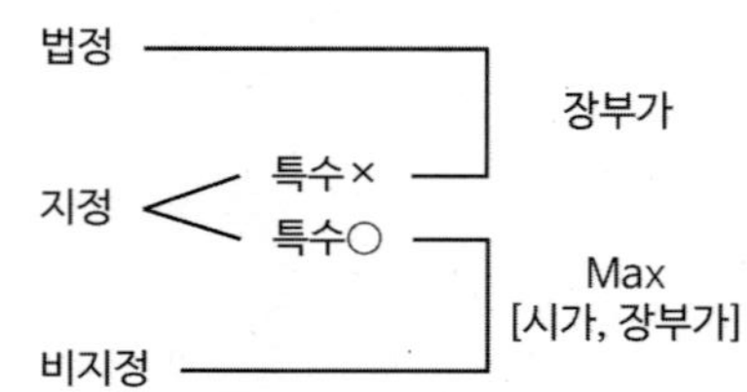

법정, 지정(특수×): 장부가

Max[시가, 장부가액]

토지(MV 300, BV 100) 비지정단체 기부

B	기부금 100	토지 100
T	유출 300	토지 100 처분이익 200
D	손不 비지정기부금 300	기사

B △100 → 300 손不

T 200

· **현물기부금**

현금주의

×1 어음교부 기부금

B	기부금 100	미지급금100
T	無	
D	손不 기부금 100	유보

B	~~100~~(IS) 0
T	
D	

· **기부금의 귀속시기**

① 어음을 발행(선일자수표 포함)한 경우
→ 실제 어음 결제일

② 수표(선일자수표 제외)를 발행한 경우
→ 교부한 날

현금주의

×2 어음 결제

B 미지급금 100 현금 100

T 기부금 100 현금 100

D 손入 기부금 100△유보

B 0(5) 100

T

D

· 기부금의 귀속시기

원칙

B 선급기부금 100 / 현금 100

T 기부금 100 / 현금 100

D 손入 100 (△유보)

예외

B 기부금 100 / 현금 100

T 선급기부금 100 / 현금 100

D 손不 100 (유보)

· 기부금의 귀속시기

① 원칙 : 기부금은 그 지출한 날이 속하는 사업연도의 손금으로 한다. (현금주의)

② 예외 : 인·허가를 받기 이전의 설립중인 단체 등에 지출한 기부금은 그 단체가 인·허가를 받은 날이 속하는 사업연도의 기부금으로 본다.

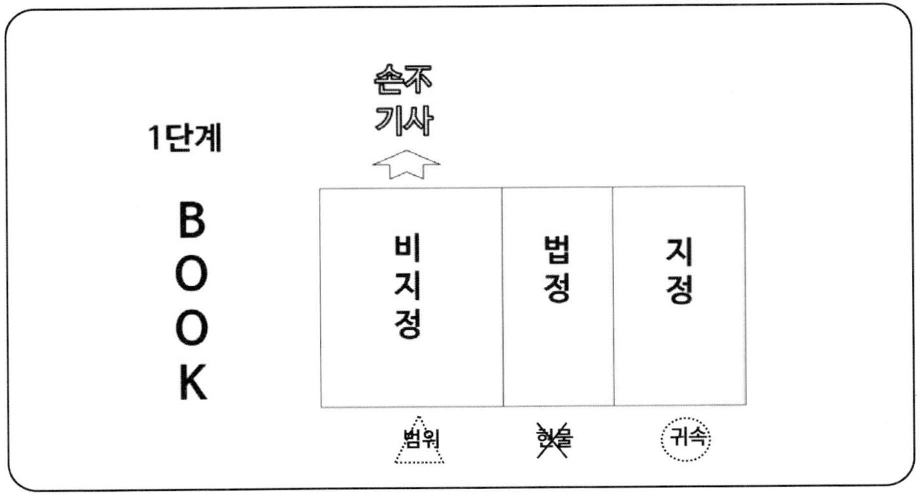

· 기부금 세무조정

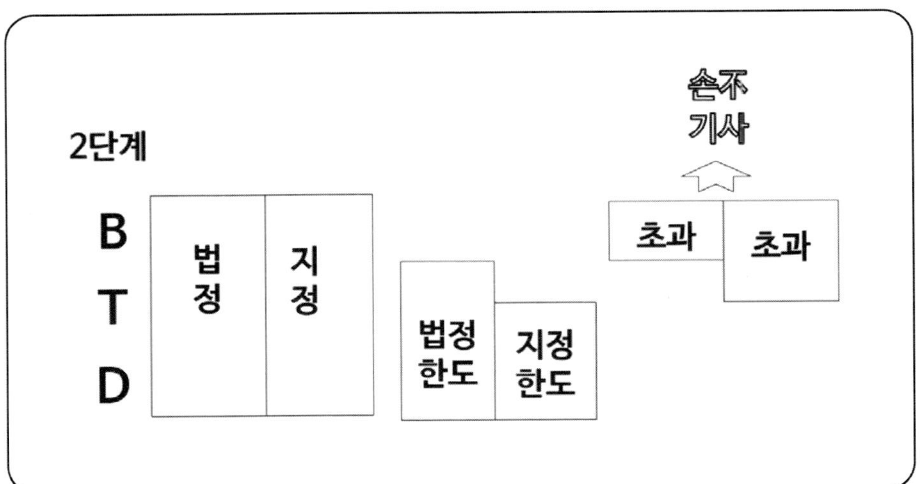

· 기부금 세무조정

	×1	×2	
A	100	100	
B	200	-	
T	100	100	
D	100	△100	
	손不(기사)	손入(기타)	Min [전기이월 한도초과액, 한도미달액]

이월

· 기부금 세무조정

기부금한도초과액의 이월손금산입 : 법정기부금 및 지정기부금 한도초과액은 해당 사업연도의 다음 사업연도 개시일부터 5년 이내에 끝나는 각 사업연도에 이월하여 해당 기부금의 한도미달액 범위내에서 손금산입한다.

단, 2013.12.31 이전 법정기부금은 경과규정에 따라 3년간 이월된다.

법정 A × 50%

지정 (A- 법정) × 10%

A = 차가감소득 + 기부금 − 이월결손금

· 기부금의 한도

- 기준소득금액 = 차가감소득금액 + 법정·지정기부금 해당액-이월결손금

✓ 기부금 한도초과 손금부인 및 한도초과이월액 손금산입 세무조정을 제외한 소득금액으로 하며, 합병 및 분할에 따른 양도손익은 제외한다.

✓ 이월결손금 : 사업연도 개시일 전 5년(2009년 이후 발생분 10년) 이내에 개시한 사업연도에서 발생한 세무상 결손금으로서 그 후의 각사업연도과세표준 계산시 공제되지 않은 금액을 의미한다.

기부전 100 비지정 10 지정 10 법정 10

당기순이익	70
세무조정	+10
차가감소득	80
기부금시부인	+1
각사소득	81

비 법 지

100 −(10+10+10)

+10

80+10+10=100

A

· 기부금 세무조정

1단계 차가감소득금액 계산

2단계 기부금한도 시부인

3단계 각사업연도 소득금액 계산

· 기부금 세무조정

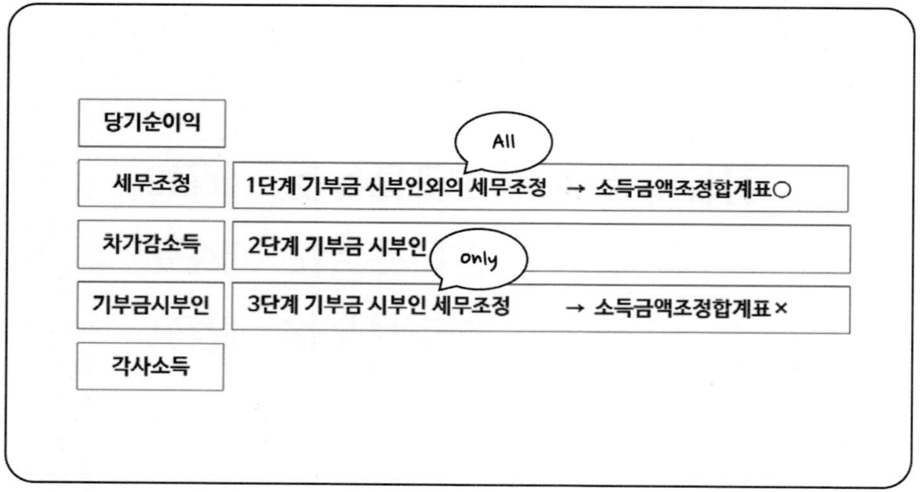

· 기부금 세무조정

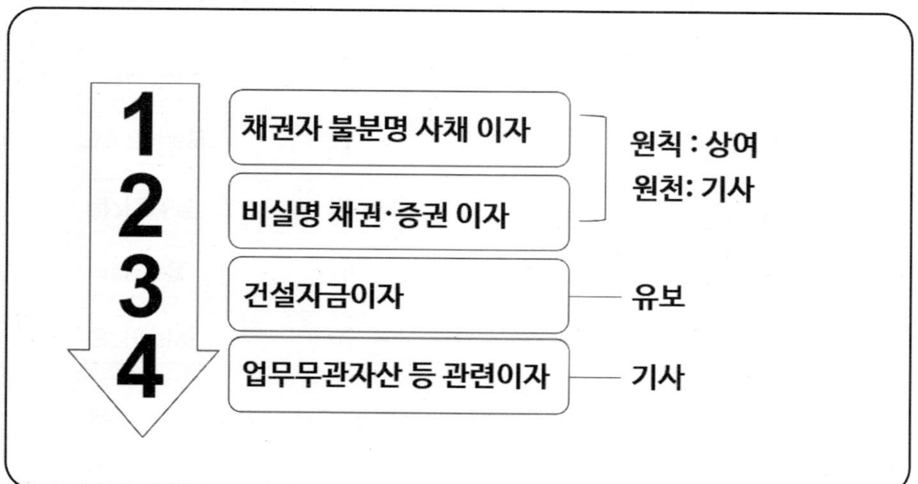

· 지급이자

원칙 : 손금항목
예외 : 다음의 지급이자는 순서대로 손금불산입한다.

적용순서	종류	소득처분	손금불산입액
(1)	채권자불분명사채이자	대표자상여*	해당 지급이자 전액
(2)	비실명채권·증권이자	대표자상여*	
(3)	건설자금이자(특정차입금)	유보	
	건설자금이자(일반차입금)	유보	산식에 의해 계산된 금액
(4)	업무무관자산관련이자	기타사외유출	

* 원천징수세액은 기타사외유출로 처분한다.

구분	회계	세법
자본화대상	유형·무형·투자·재고	사업용 고정자산
자본화방법	K-IFRS: 강제 일반기업: 선택	특정: 강제 일반: 선택

· **건설자금이자(차입원가)**

기업회계기준과의 비교

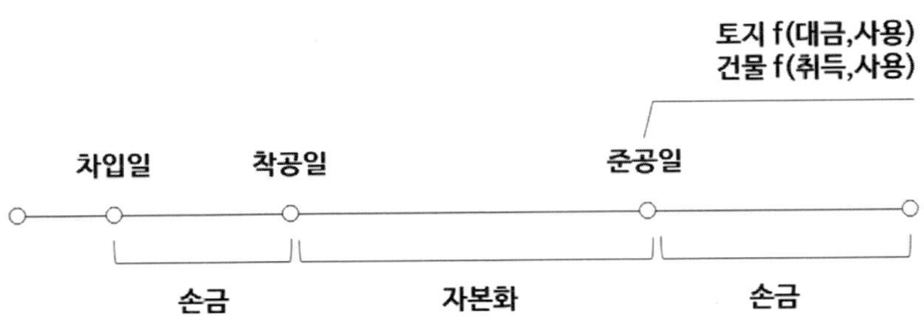

· **특정차입금의 이자**

특정차입금에 대한 건설자금이자는 건설 등의 준공일까지의 이자만을 포함한다.

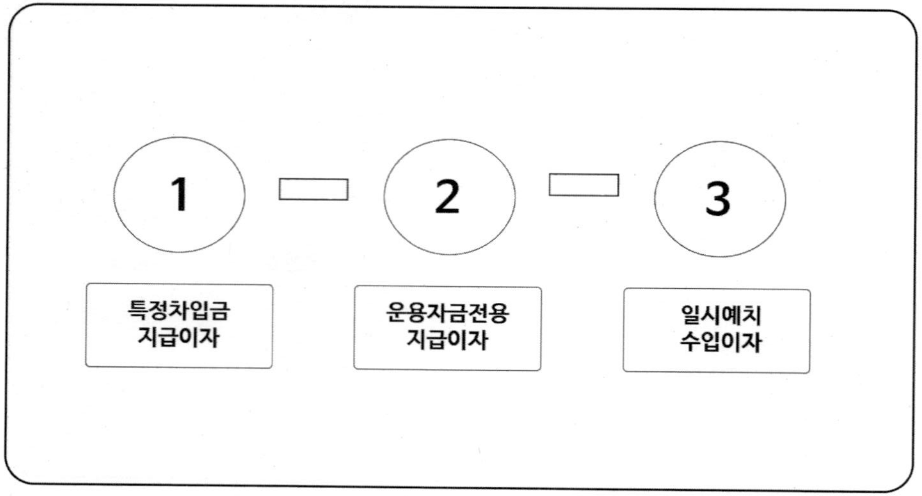

· **특정차입금의 이자**

① 차입한 특정차입금의 일부를 운영자금에 전용한 경우에는 그 부분에 상당하는 지급이자는 손금에 산입한다.

② 특정차입금의 일시예치로 발생한 수입이자는 건설자금이자에서 차감한다.

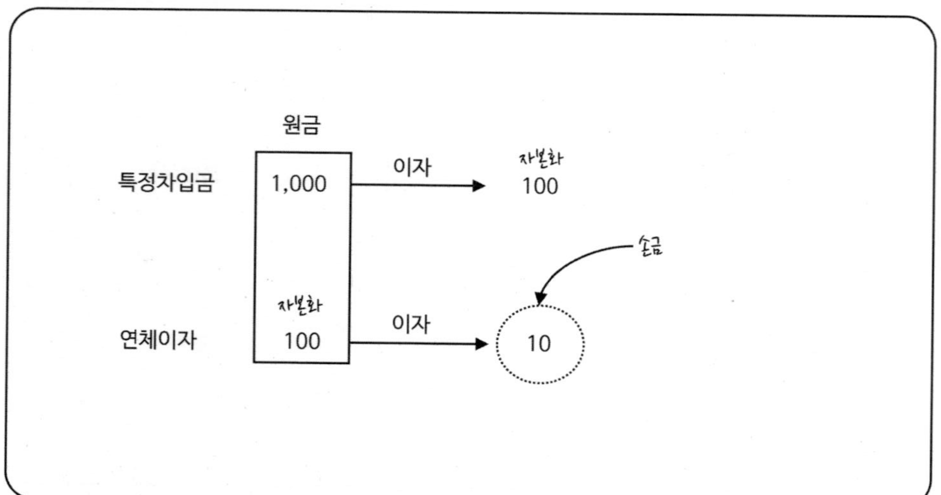

· **특정차입금의 이자**

차입한 특정차입금의 연체로 인하여 발생한 이자를 차입금의 원본에 가산한 경우 그 연체이자는 건설자금이자로 처리하되, 원본에 가산한 금액에 대한 지급이자는 건설용 차입금에 대한 이자가 아니므로 이를 **손금**으로 처리한다.

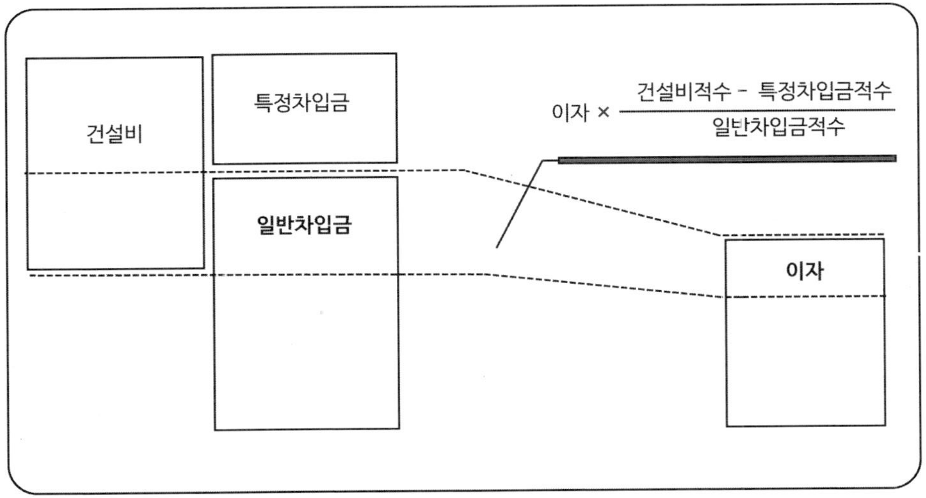

· **일반차입금의 이자**

일반차입금이자란 해당 사업연도에 상환하거나 상환하지 아니한 차입금 중 특정차입금을 제외한 차입금에서 발생한 이자로서 자본화를 선택할 수 있다.

① 자본화 대상 일반차입금의 이자는 해당 사업연도 중 건설기간에 실제로 발생한 일반차입금이자를 한도로 한다.

② 일반차입금에 대하여는 일시예금에서 발생한 수입이자가 있더라도 차감하지 않는다.

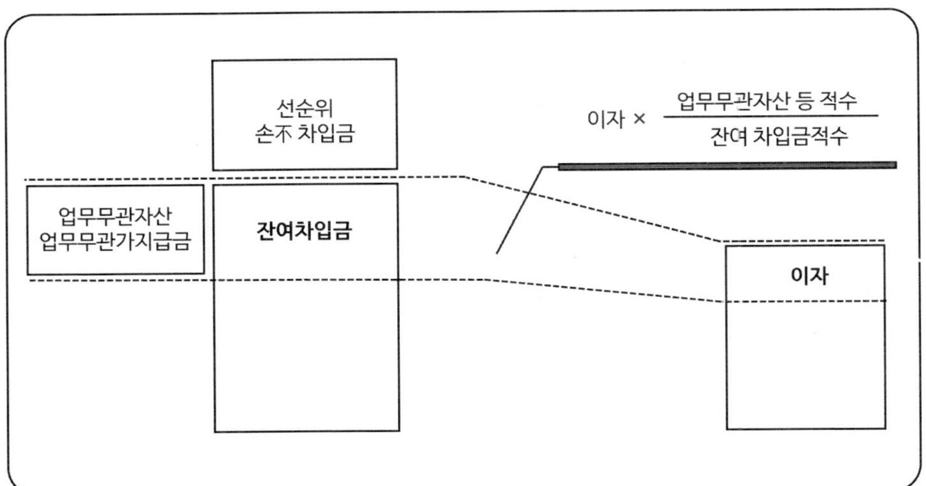

· **일반차입금의 이자**

일반차입금이자란 해당 사업연도에 상환하거나 상환하지 아니한 차입금 중 특정차입금을 제외한 차입금에서 발생한 이자로서 자본화를 선택할 수 있다.

① 자본화 대상 일반차입금의 이자는 해당 사업연도 중 건설기간에 실제로 발생한 일반차입금이자를 한도로 한다.

② 일반차입금에 대하여는 일시예금에서 발생한 수입이자가 있더라도 차감하지 않는다.

세법상 취득금액

포함○ 시가초과액 | 포함× 재평가차익

To 특수관계인

포함○ 주택자금 대표자소득세대납액 (귀속분명) | 포함× 급여가불금등 주식자금 대표자소득세대납액 (귀속불분명)

$$\text{지급이자} \times \frac{\text{업무무관자산적수} + \text{업무무관가지급금적수}}{\text{차입금적수}}$$

선순위손조제외

포함○ 사할차 금융어음 금융리스 | 포함× 현할차, 연지급 상업어음 운용리스

* 동일인에 대한 가지급금과 가수금

① 적정이자 수령여부 불문

② 가지급금-가수금 상계O (별도 약정有 → 상계X)

· 업무무관자산 등에 대한 지급이자

업무무관자산 등에 대한 지급이자는 손금불산입하고 **기타사외유출**로 소득처분한다.

· 사례

	차입금	이자율	지급이자	
A.	10,000	40%	4,000	채권자불분명사채이자
B.	10,000	30%	3,000	특정차입금건설자금이자
C.	10,000	20%	2,000	1. 건설비 12,000
D.	10,000	10%	1,000	2. 업무무관자산 1,800

제5장

손익의 귀속사업연도와 자산 · 부채의 평가

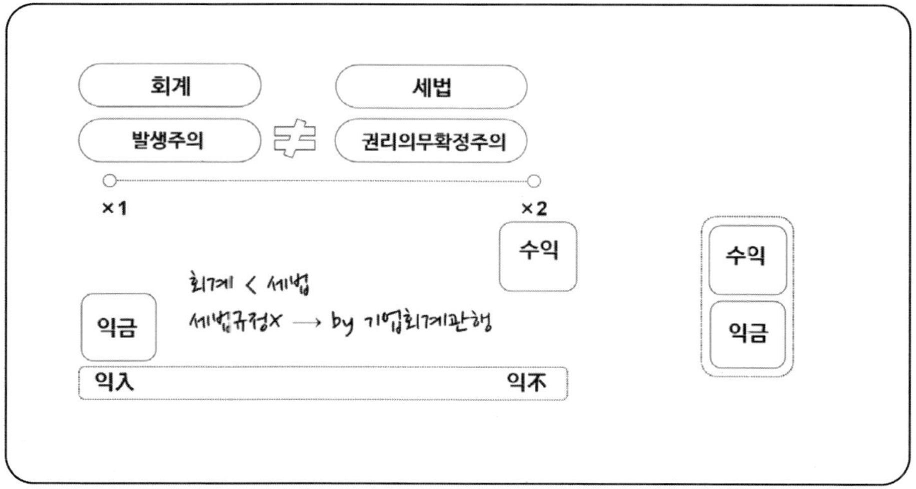

손익의 귀속사업연도

권리의무확정주의 : 내국법인의 각 사업연도의 익금과 손금의 귀속사업연도는 그 익금과 손금이 확정된 날이 속하는 사업연도로 한다.

세법규정 有	세법 규정이 기업회계기준에 우선시된다.
세법규정 無	기업회계기준 및 관행을 보충적으로 적용한다.

자산판매
재고자산 : 인도일
그 외 : 대,소,인·사 中 빠른날

장기할부
원칙 : 인도일 & 명목가치
특례 : 현재가치 or 도래기준 → 결산조정, 중소기업 신고조정 가능

용역제공
원칙 : 진행기준
특례 : 인도기준 → 중소기업 & 단기용역 신고조정 가능

기타손익
이자 : 약정주의 or 현금주의
임대료 : 약정주의 → 현금주의(약정無)

손익의 귀속사업연도

B	T	D
인도	인도	×
도래	도래	×
회수	도래	○
중소기업		
인도	도래	○

· **장기할부판매 귀속시기특례규정**

법인이 장기할부조건으로 자산을 판매·양도한 경우로서 판매 또는 양도한 자산의 인도일(상품 등 외의 자산은 소유권이전 등기·등록일, 인도일, 사용수익일 중 빠른날)이 속하는 사업연도의 결산을 확정함에 있어서 해당 사업연도에 **회수하였거나 회수할 금액과 이에 대응하는 비용을 각각 수익과 비용으로 계상한 경우**에는 원칙적인 손익귀속시기에 불구하고 그 장기할부조건에 따라 각 사업연도에 **회수하였거나 회수할 금액과 이에 대응하는 비용을 각각 해당사업연도의 익금과 손금에 산입한다.**

다만, **중소기업**인 법인이 장기할부조건으로 자산을 판매하거나 양도한 경우에는 그 장기할부조건에 따라 각 사업연도에 **회수하였거나 회수할 금액과 이에 대응하는 비용을 각각 해당 사업연도의 익금과 손금에 산입할 수 있다.**

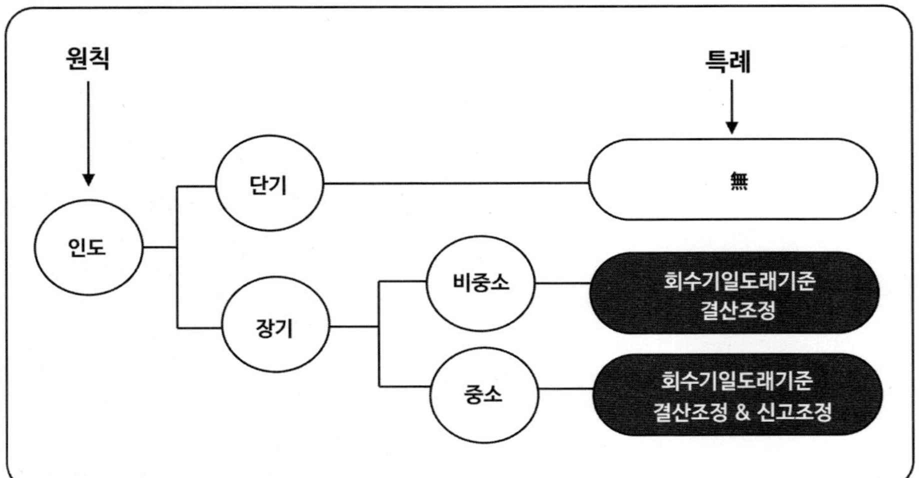

· **장기할부판매**

· **용역제공 등에 따른 귀속시기 특례규정**

다음의 어느 하나에 해당하는 경우에는 그 목적물의 인도일이 속하는 사업연도의 익금과 손금에 산입할 수 있다.

① 중소기업인 법인이 수행하는 계약기간이 1년 미만인 건설 등의 경우
② 기업회계기준에 따라 그 목적물의 인도일이 속하는 사업연도의 수익과 비용으로 계상한 경우

B	T	D
진행	진행	×
완성	진행	○
중소기업 + 단기용역		
진행	완성	○
완성	완성	×

· **용역제공 등**

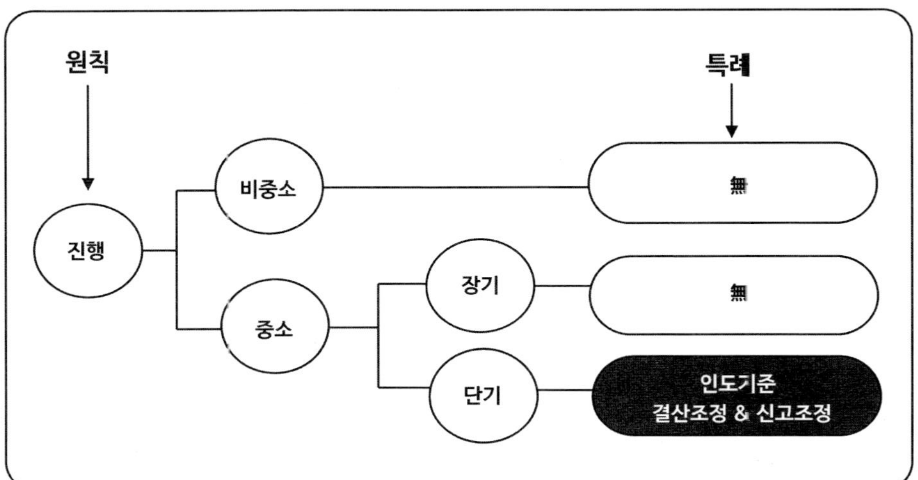

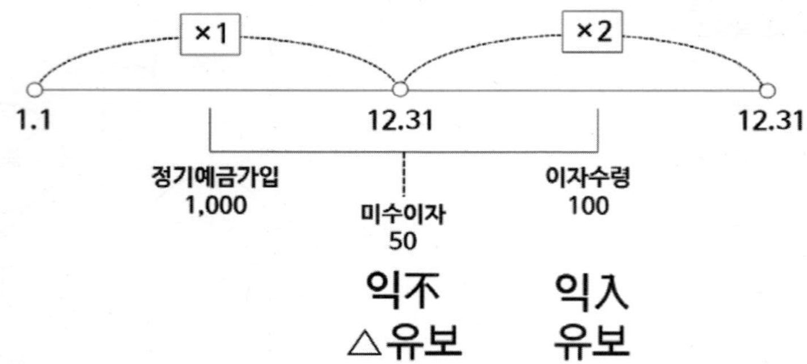

· 이자수익/이자비용

1. 원칙 : 약정주의 or 현금주의

2. 특례 : 발생주의

if) 귀속미도래 + 기간경과분 이자수익, 이자비용 계상시 인정

All 인정

Almost 제외

단, 원천징수대상 이자 제외

· 이자수익/이자비용

·임대료수익/임차료비용

임대료 지급기간 (1년)
- 초과 — 장기임대료: 원칙 발생주의(강제), 특례 無
- 이하 — 단기임대료: 원칙 약정주의 —(약정X)→ 현금주의
  - 특례 발생주의
  - if) 귀속미도래 + 기간경과분 임대료수익, 임차료비용 계상시 인정

·임대료수익/임차료비용

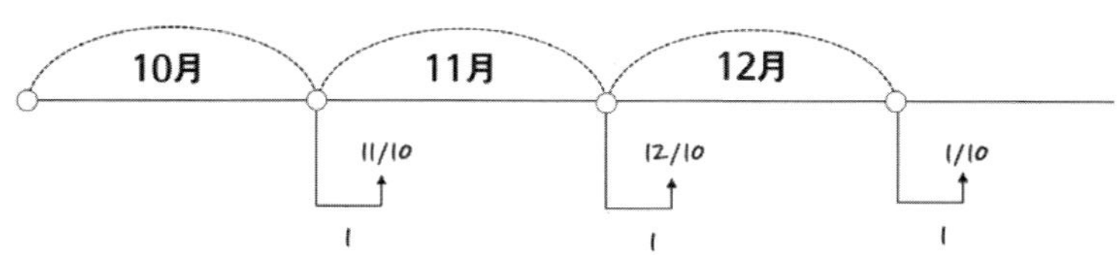

if) 매월 임대료 1을 다음달 10일에 받기로 한 경우

B 2	B 3	B 1
T 2	T 3	T 2
D 無	D 無	D 1 익入(유보)

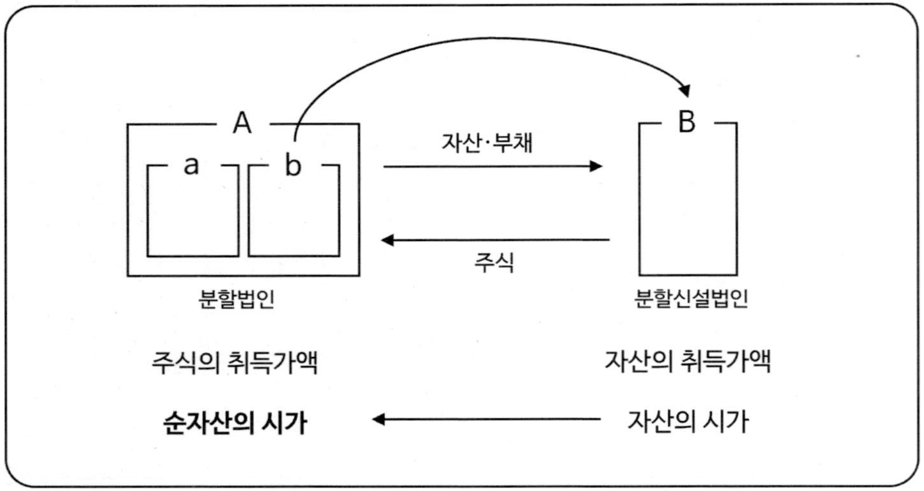

·물적분할

주식의 취득가액	분할법인이 물적분할한 순자산의 시가
자산의 취득가액	해당 자산의 시가

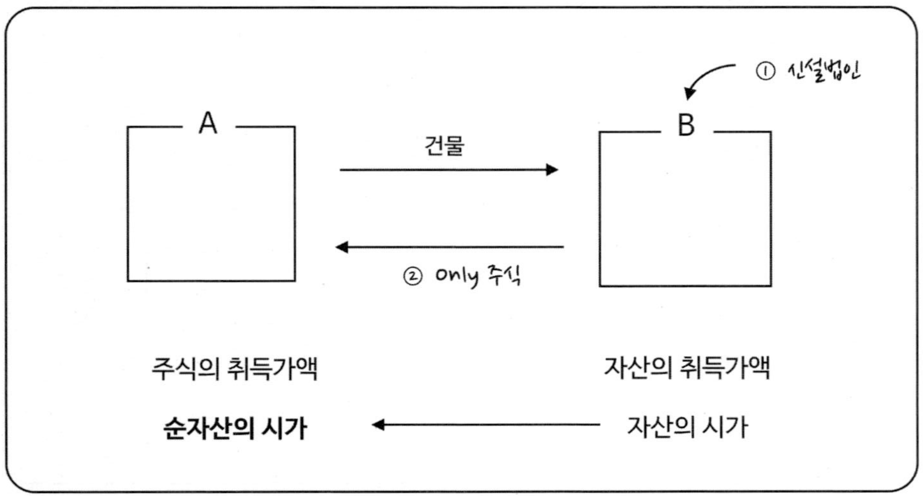

·현물출자

주식의 취득가액	① 출자법인이 현물출자로 인하여 피출자법인을 새로 설립하면서 그 대가로 주식만 취득하는 현물출자의 경우 : 현물출자한 순자산의 시가 ②그 밖의 경우 : 해당 주식의 시가
자산의 취득가액	해당 자산의 시가

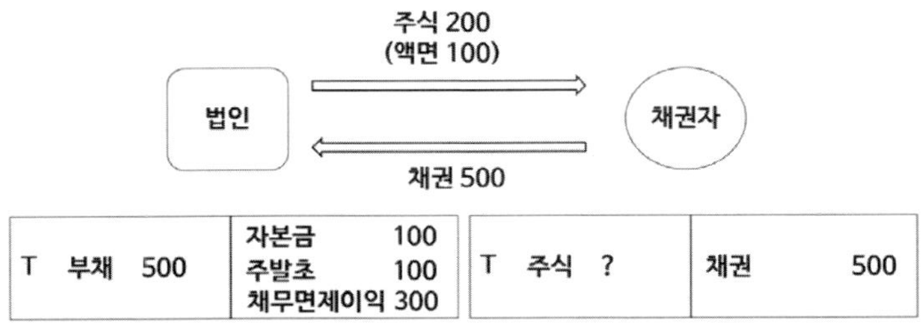

· **채무의 출자전환으로 취득한 주식**

구분	취득가액
일반적인 경우	취득 당시 주식의 시가
법 소정의 출자전환의 경우	① 일반채권의 출자전환 : 출자전환된 채권의 장부가액 ② 대손불능채권*의 출자전환 : 취득 당시 주식의 시가

* 대손불능채권 : 업무무관가지급금, 채무보증으로 인한 구상채권

구분		취득가액	비고
고가매입	특수관계인○	시가	시가초과액 포함×
	특수관계인 ×	정상가액	정상가액초과액 포함×
저가매입	일반	저가매입가	(시가 – 저가매입가) 포함×
	특수 + 개인 +유가	시가	(시가 – 저가매입가) 포함○

· **고가매입/저가매입**

· **교환으로 인해 취득한 자산**

법인세법	기업회계기준	
취득한 자산의 시가	상업적 실질	有 제공한 자산의 시가
		無 제공한 자산의 장부가액

· **유형자산과 채권의 일괄구입**

원칙	국·공채 매입가액과 시가와의 차액 → 유가증권의 취득가액에 포함
특례	기업회계기준에 따라 국·공채의 매입가액과 시가와의 차액을 유형자산의 취득가액으로 처리한 경우 이를 수용 → 유형자산의 취득가액에 포함

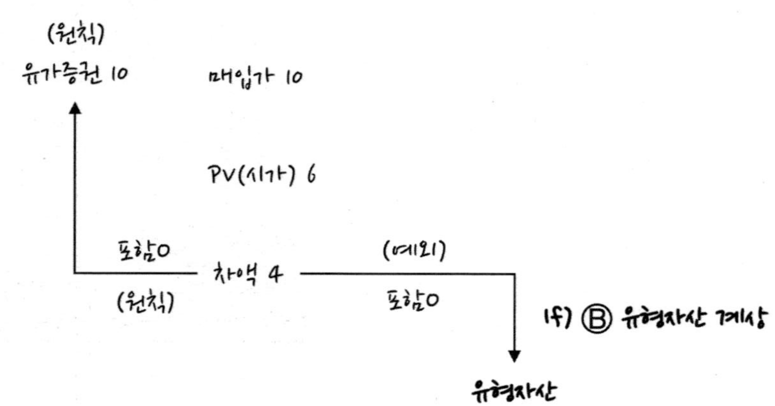

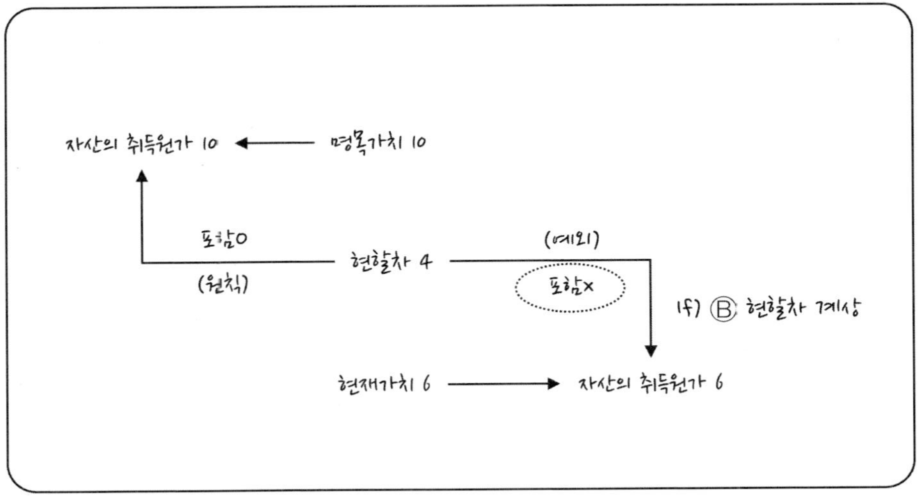

· **장기연불조건으로 매입한 자산**

원칙	명목가액
특례	기업회계기준에 따라 현재가치로 평가한 경우 이를 수용 → 현재가치할인차금은 취득가액에 포함×

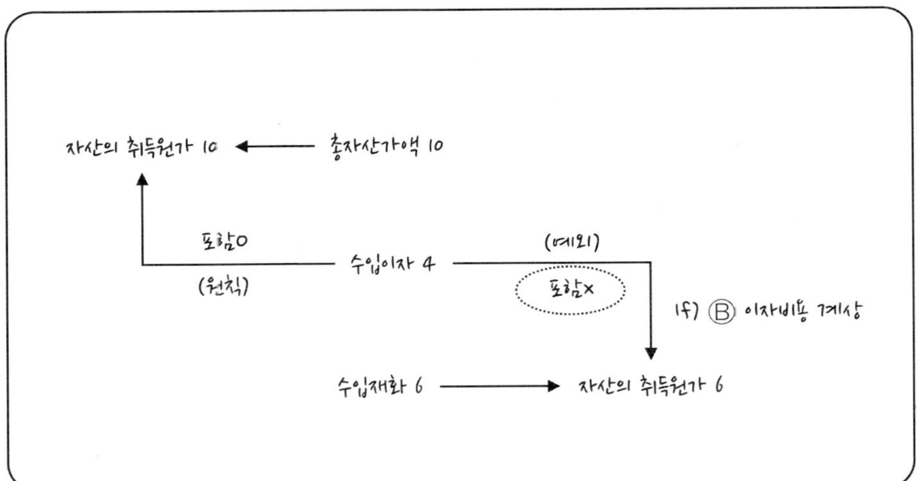

· **연지급수입이자**

원칙	취득가액에 포함
특례	기업회계기준에 따라 금융비용으로 처리한 경우 이를 수용 → 연지급수입이자를 취득가액에 포함×

*** 장기할부**

판매자		매입자	
원칙	명목가치	원칙	명목가치
예외	현재가치	예외	현재가치

*** 장기금전대차**

대여자		차입자	
원칙	명목가치	원칙	명목가치
예외	예외 無	예외	예외 無

· 현재가치평가

구분	평가차익	평가차손
원칙	익不항목	손不항목
예외	익금항목	손금항목
	⇩ By 타법	⇩ By 세법

· 자산·부채의 평가기준

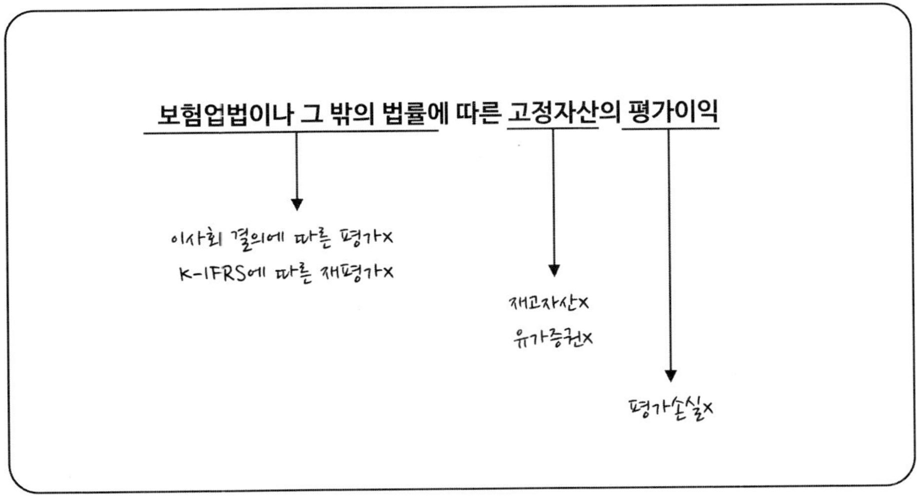

· **평가이익**

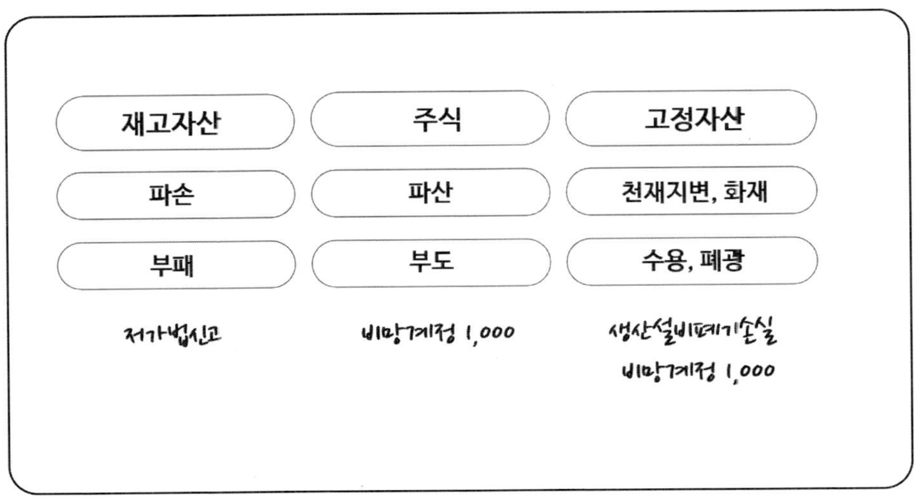

· **평가손실**

일정한 경우 **감액사유가 발생한 사업연도**에 그 감액한 금액을 해당 사업연도의 **손금으로 계상**한 경우에 한하여 그 장부가액을 감액할 수 있다.
→ 결산조정사항

발행법인		파산	부도 등
상장		감액사유○	감액사유○
비상장	특수관계○	감액사유○	감액사유×
	특수관계×	감액사유○	감액사유○

지분율 5% 이하 & 취득가액 10억 이하

· **주식 평가손실**

구분	파손부패	유행경과
원가법	○	×
저가법	○	○

- ○ **개별법**
- ○ **선입선출법**
- ○ **후입선출법**
- ○ **총평균법**
- ○ **이동평균법**
- ○ **매가환원법**

· **재고자산**

재고자산의 평가는 원가법, 저가법 중 법인이 납세지 관할세무서장에게 신고한 방법에 의한다.
* 무신고시 → 원가법

재고자산을 평가함에 있어서 재고자산의 종류별 또는 영업장별로 각각 다른 방법으로 평가할 수 있다.

유가증권	원가법
주식	채권
총평균법 이동평균법	개별법 총평균법 이동평균법

· **유가증권**

유가증권(증권회사 등이 보유하는 재고자산 성격의 유가증권 포함)의 평가는 원칙적으로 원가법만을 인정한다.

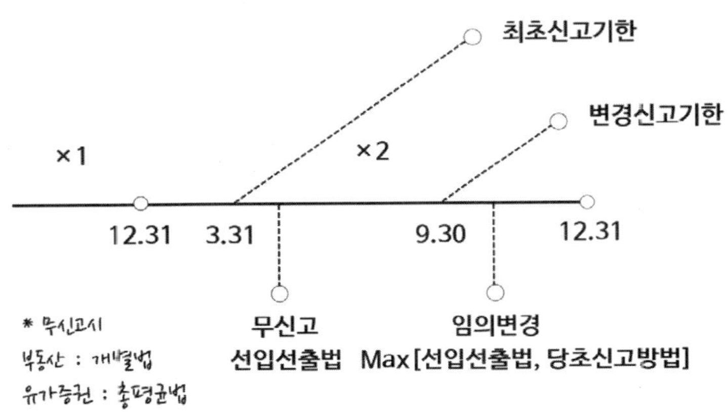

· **평가방법의 최초신고 및 변경신고**

구분	신고기한
최초신고 (승인×)	해당 법인의 설립일이 속하는 사업연도의 과세표준신고기한까지
변경신고 (승인×)	변경할 평가방법을 적용하고자 하는 사업연도의 종료일 이전 3개월이 되는 날까지

· 신고시 평가방법 : 총평균법
· 무신고시 평가방법 : 선입선출법

구분	×1	×2	×3
① 신고기한 내 최초신고	총평균법	총평균법	총평균법
② 변경신고기한 내 최초신고	선입선출법	총평균법	총평균법
③ 변경신고기한 후 최초신고	선입선출법	선입선출법	총평균법

· 기한경과 후 신고한 경우

① 신고일이 속하는 사업연도까지는 무신고
② 평가방법을 신고하지 않아 무신고시 평가방법을 적용받는 법인이 그 평가방법을 변경하고자 하는 경우에는 변경할 평가방법을 적용하고자 하는 사업연도의 종료일 이전 3월이 되는 날까지 변경신고를 하여야 한다.

	B	T	D	
재고자산평가감	80 <	100	익入 20 (유보)	손入 20 (△유보)
재고자산평가증	120 >	100	손入 20 (△유보)	익入 20 (유보)

· 재고자산 평가에 대한 세무조정

· 자본금과 적립금조정명세서(을)

기초잔액	감소	증가	기말잔액
20	20	50	50

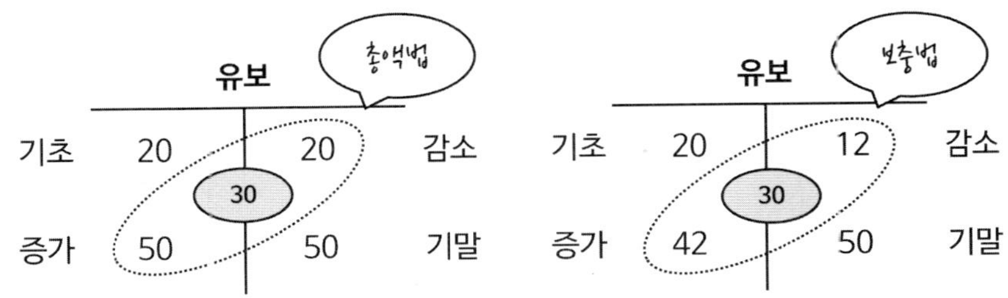

원가법

B 단기매매금융자산 50 / 단기매매평가이익(IS) 50
매도가능금융자산 50 / 매도가능평가이익(B/S) 50

T 단기매매금융자산 0 / 단기매매평가이익(IS) 0
매도가능금융자산 0 / 매도가능평가이익(B/S) 0

D 익不 단기매매금융자산평가이익 50 (△유보)
익入 매도가능금융자산평가이익 50 (기타)
익不 매도가능금융자산평가이익 50 (△유보)

· 총액법 세무조정

- ✓ 재고자산
- ✓ 외화자산·부채의 평가
- ✓ 대손충당금

· 유가증권 평가에 대한 세무조정

회사회계처리	평가이익	평가손실
IS(당기순이익)	익금불산입(△유보)	손금불산입(유보)
BS(기타포괄손익)	익금산입(기타) 익금불산입(△유보)	손금산입(기타) 손금불산입(유보)

① 원가법 : 발생일 환율로 평가하는 방법
② 시가법 : 종료일 환율로 평가하는 방법

구 분	화폐성 외화자산	통화선도
외국환은행	② 강제	① ② 中 선택
일반	① ② 中 선택	① ② 中 선택

· **외화자산·부채의 평가**

✓ 방법 ①, ② 중 선택할 수 있는 경우로서 최초로 방법 ②를 신고하여 적용하기 이전 사업연도의 경우에는 방법 ①을 적용하여야 한다.
→ 무신고시 : 방법 ①

✓ 법인이 방법 ①, ② 중 신고한 평가방법은 그 후의 사업연도에도 계속하여 적용하여야 한다.
다만, 일반법인의 경우 신고한 평가방법을 적용한 사업연도를 포함하여 5개 사업연도가 지난 후에는 다른 방법으로 신고를 하여 변경된 평가방법을 적용할 수 있다.

제6장

고정자산의 감가상각

1 시부인계산구조
2 감가상각대상자산
3 상각범위액 결정요소
4 감가상각 시부인
5 감가상각의제 등 기타규정

· 감가상각비

결산조정사항

한도 100

취득원가 200, 내용연수 2년, 정액법

	B		
×1	100	50	-
×2	100	50	-
×3	-	50	100
×4	-	50	100

· 시부인계산

법인세법상 감가상각제도는 임의상각제도이며 결산조정사항이다. 즉, 감가상각비의 계상여부는 전적으로 법인의 의사에 달려 있으며 법인 스스로 감가상각비를 상각범위액 내에서 비용으로 계상한 경우에 한하여 손금으로 인정한다는 것이다.

한도내손금

한도 100

취득원가 200, 내용연수 2년, 정액법

	B	T	D	
×1	200	100	100	손不 유보
×2	-	100	△100	손入△유보

· 시부인계산

내용연수 2

회계	세법
상각완료기간	최소상각기간
단축상각×	단축상각×
연장상각×	연장상각○
강제상각제도	임의상각제도

· 내용연수

· **법인세법 vs 기업회계**

구분	법인세법	기업회계
① **잔존가액**	'0' (영)	추정
② **내용연수**	법정화	추정
③ **감가상각방법**	정액법, 정률법, 생산량비례법	합리적인 방법
④ **감가상각제도**	임의상각제도	강제상각제도

· **시부인계산**

감가상각 시부인계산은 개별 자산별로 행한다.

구분	세무조정
B	감가상각비
T	상각범위액
D	B - T = (+)상각부인액 → 손금불산입(유보) B - T = (-)시인부족액 → 세무조정 無 or 손금산입(△유보)

Min[전기이월 상각부인액, 시인부족액]

구 분	K-IFRS	TAX
영업권	감가상각자산×	감가상각자산○ (합병·분할로 인한 영업권 제외)

구 분	Ⓑ 자산	Ⓑ 비용
개발비	Ⓣ 자산	Ⓣ 비용

전액 손금, 즉시상각의제X

· **감가상각대상자산**

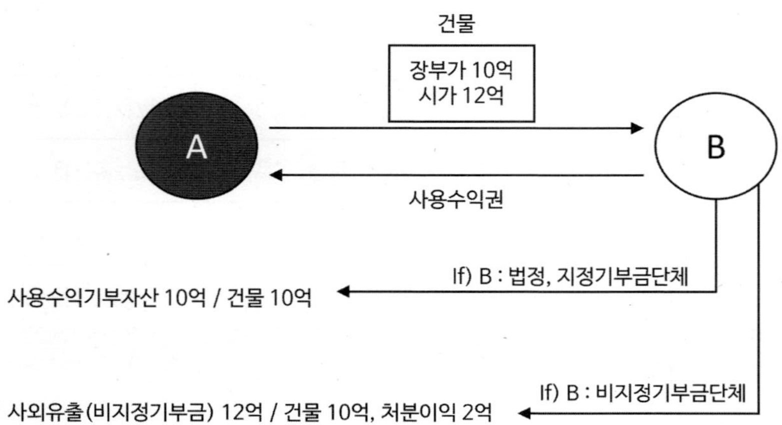

· **사용수익기부자산**

① 금전 이외의 자산을 법정기부금·지정기부금단체에 기부한 후 그 자산을 사용하거나 그 자산으로부터 수익을 얻는 경우에 해당 자산의 **장부가액**을 말한다.

② 법정기부금·지정기부금단체가 아닌 자에게 자산을 기부한 경우에는 사용수익기부자산(무형자산)으로 대체하지 않고 시가와 장부가액 중 큰 금액을 비지정기부금으로 보아 손금불산입하여야 한다.

· 감가상각대상자산

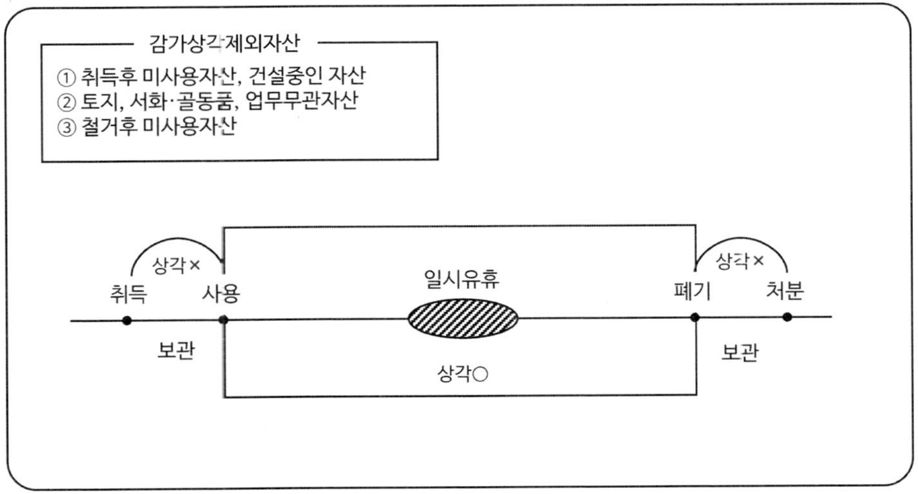

· 상각범위액의 결정요소

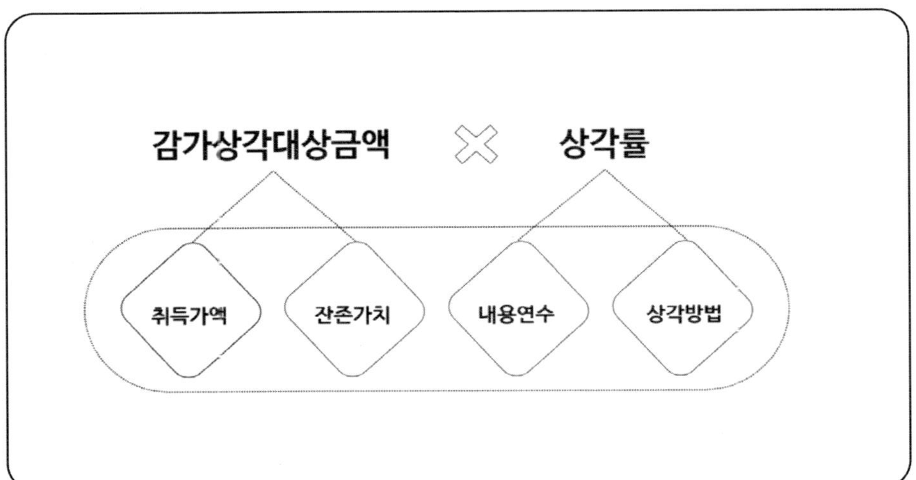

- 기준내용연수
- 신고내용연수
- 수정내용연수
- 환산내용연수

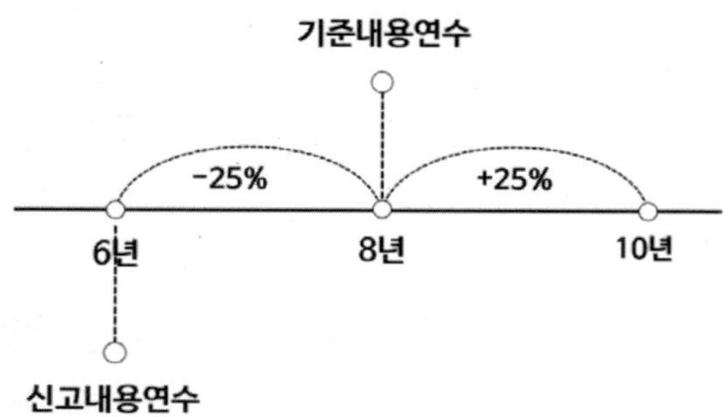

If) 세부담 최소화

구분		기준내용연수 8년	
		기계A	기계B
Case1	신고(내용연수7년)	7년 →	7년
Case2	무신고(내용연수8년)	8년 →	8년

If) 세부담 최소화

구분		기준내용연수 5년	
		차량A(신규)	차량B(중고)
Case1	신고(내용연수4년)	4년 →	2년
Case2	무신고(내용연수5년)	5년 →	

· 내용연수

법인세법에서는 구조 또는 자산별·업종별로 분류하여 내용연수를 정하고 있는데, 이를 기준내용연수라고 한다. '건축물 등'과 '업종별 자산'의 경우에는 기준내용연수에 25%를 가감한 범위에서 내용연수를 법인이 연단위로 선택하여 납세지 관할세무서장에게 신고하도록 하고 있으며 이렇게 신고한 내용연수를 신고내용연수라고 한다. 다만, 기한 내에 신고를 하지 않은 경우에는 기준내용연수를 적용한다.

* 시험연구용자산과 무형고정자산은 내용연수범위를 규정하고 있지 않으므로 기준내용연수만 적용한다. 다만, 개발비는 20년 이내에서 내용연수를 선택할 수 있으며, 무신고시 5년을 내용연수로 한다.

· 내용연수 계속적용

법인이 자산별·업종별로 적용한 신고내용연수 또는 기준내용연수는 그 후의 사업연도에도 그 내용연수를 적용하여야 한다.

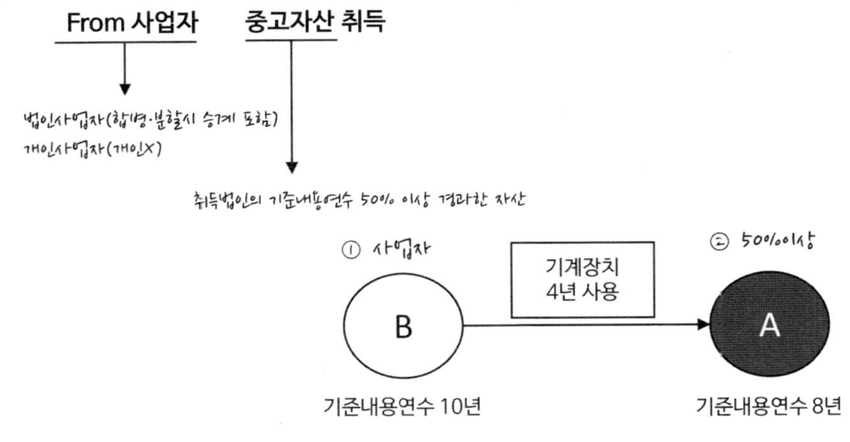

· **수정내용연수**

기준내용연수 × 50%* ~ 기준내용연수

* 1년 미만은 없는 것으로 한다. (예: 5년 × 50% = 2.5년 → 2년)

내용연수	정액법	정률법
1	.	.
2	.	.
3	0.333	.
4	.	.
5	.	.
6	0.166	.

ㄸ) 내용연수 3년, 정액법

1,000,000 × 1/3 = 333,333

1,000,000 × 0.333 = 333,000

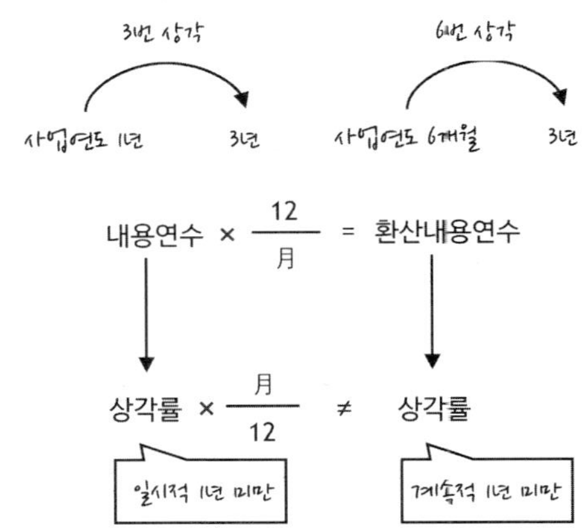

· **환산내용연수**

정관상 사업연도가 1년 미만인 경우에는
환산내용연수와 그에 따른 상각률을 적용한다.

유형

- 건물: (정액법)
- 기계장치: 정액법 (정률법)
- 광업용 생산설비: 정액법 정률법 (생비법)

무형

- 무형자산: (정액법)
- 광업권: 정액법 (생비법)

· **감가상각방법**

법인은 자산별로 선택가능한 상각방법 중 하나를 선택하여 영업개시일(또는 신규취득일)이 속하는 사업연도의 법인세 **과세표준신고기한** 내에 관할세무서장에게 신고하여야 하며 신고가 없는 경우 무신고시 상각방법을 적용한다.

STEP.1 BOOK 감가상각비 해당액

STEP.2 TAX 상각범위액 계산

STEP.3 DIFF 감가상각비 세무조정

· **감가상각 시부인**

STEP.1 BOOK 감가상각비 해당액

① IS 감가비

② 타계정 → 손상차손, 전기오류수정손실로 적더라도 감가상각비로 읽는다.

③ 당기즉시상각의제

원칙

To be 자산	As is 비용
선 자산	후 상각

B

T

특례

To be 자산	As is 비용
	손금

소액(단기사용)자산, 소액(주기적)수선비, 시설개체·기술낙후 생산설비 폐기손실

· 감가상각비

① 전기오류수정손실

회사회계처리	1단계	2단계
IS(비용)	-	시부인
BS(이익잉여금감소)	손入(기타)	시부인

② 전기오류수정이익

회사회계처리	1단계	2단계
IS(수익)	-	익不(△유보)
BS(이익잉여금증가)	익入(기타)	익不(△유보)

· 즉시상각의제

✓ 즉시상각의제 : 법인이 감가상각자산의 취득가액을 구성하는 취득원가와 자본적지출액을 비용으로 처리한 경우 법인세법상 해당 지출액을 일단 자산으로 처리한 다음 즉시 감가상각한 것으로 의제한다.
→ 즉시상각의제액이 있는 경우 ① 회사계상 감가상각비에 이를 포함하고, 감가상각자산의 취득가액이즉시상각의제액만큼 증가한 것이므로 ② 상각범위액 계산시에도 이를 고려하여야 한다

✓ 특례 : 소액취득자산·소액수선비·단기사용자산에 해당하는 지출액을 사업에 사용한 사업연도에 비용으로 계상한 경우에는 중요성의 관점에서 감가상각 시부인계산 없이 이를 전액 손금으로 인정한다.

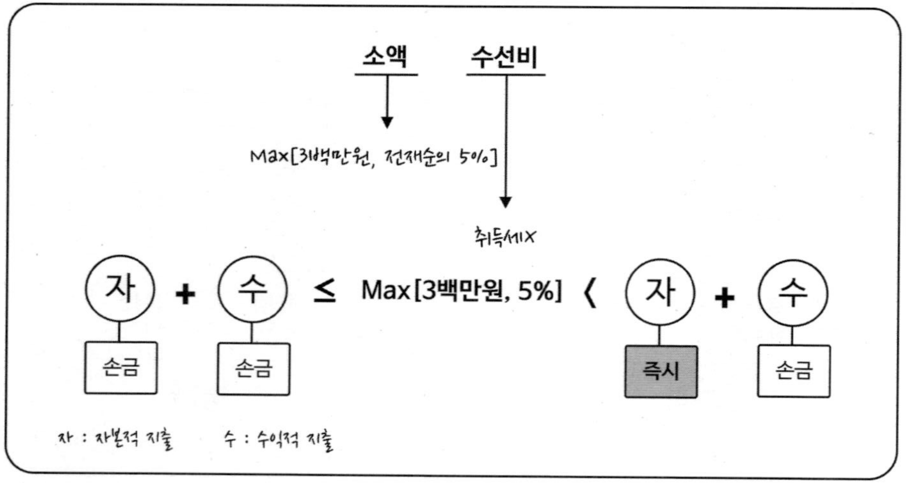

· 소액수선비

전	전기말
재	재무상태표
순	순액(취득가액 - 감가상각누계액)

STEP.2 상각범위액 계산

정액법 (B.취득가액 + 즉시상각의제누계액) × 상각률

정률법 {(B.취득가액 - B.기초감누) + 당기즉시상각 + 상각부인액}× 상각률

· 상각범위액

· 세무상 미상각잔액(간접법)

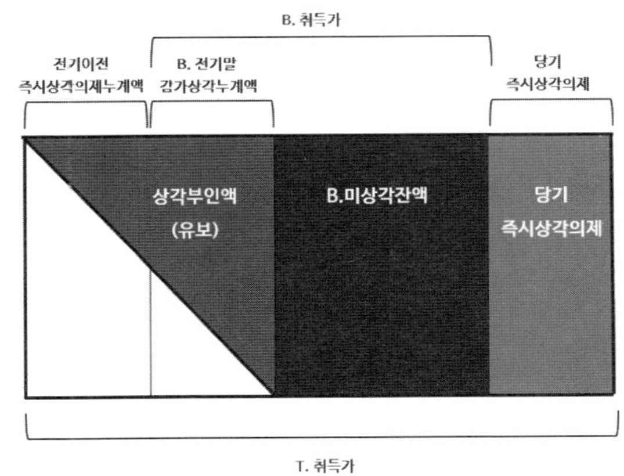

· 세무상 미상각잔액(직접법)

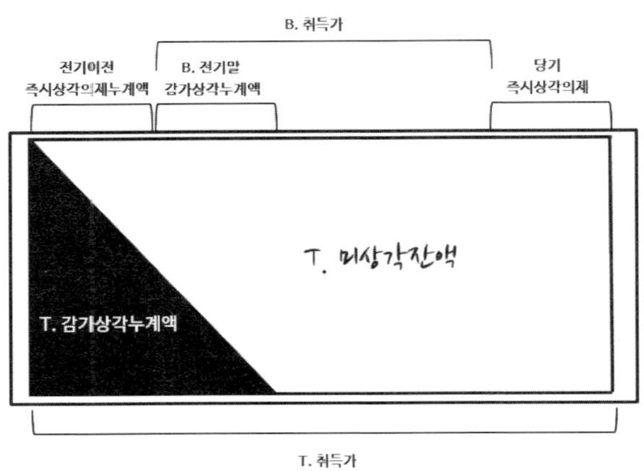

STEP.3 감가상각비 세무조정

상각부인액 손不 유보
시인부족액 無 or 손入 △유보

· 세무조정

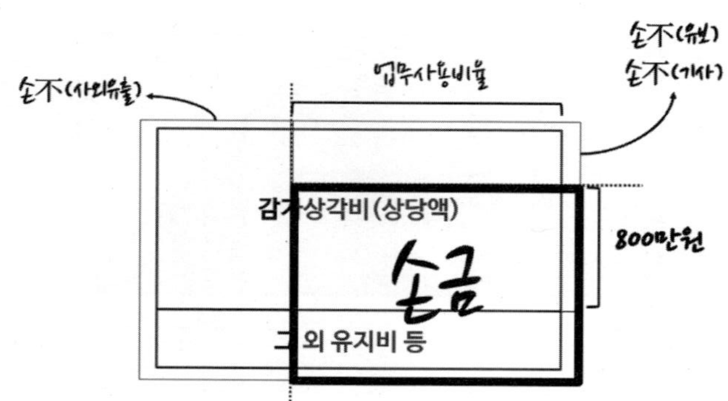

· 업무용승용차 세무조정 순서

① 업무용승용차의 감가상각시부인
→ 손금에 산입된 감가상각비를 업무용승용차 관련비용에 포함

② 사적사용비용
→ 손금불산입(사외유출)

③ 업무사용금액 중 800만원 초과분
→ 손금불산입(유보) or (기타사외유출)

· **특수한 경우**

① 신규취득자산 : 사용일부터 월할상각
② 자본적지출 : 기초지출가정(지출일부터 월할상각×)
③ 기중양도자산 : 기초 유보추인 + 상각시부인 생략

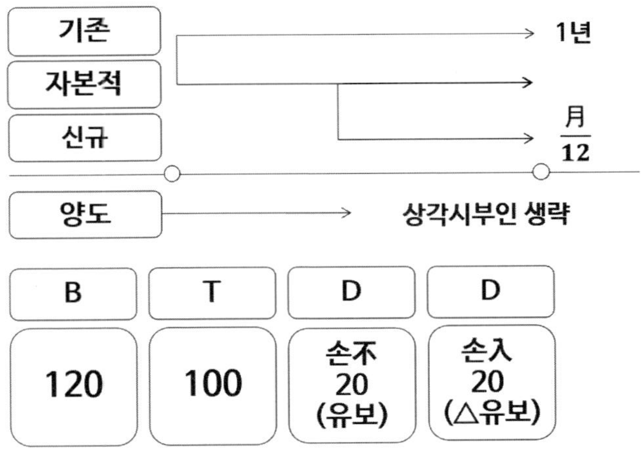

· **건설자금이자**

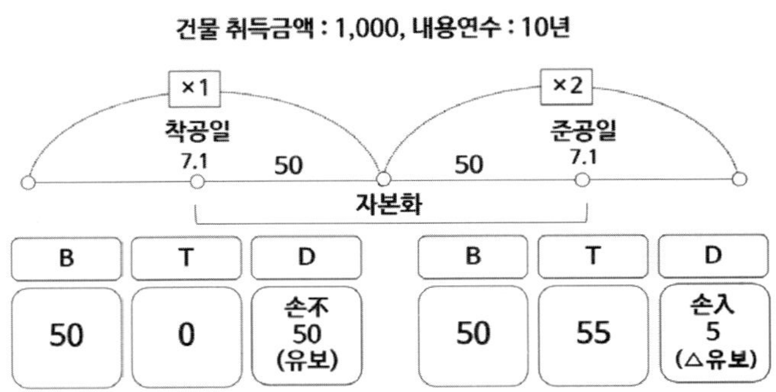

if) 시인부족액 → Min[전기말 상각부인액잔액, 시인부족액]

선상각 후평가

if) by 타법 평가증 → Min[**당기말** 상각부인액잔액, 장부상 평가이익]

if) 양도 → 전기말 상각부인액잔액 × 처분비율

· **상각부인액의 사후관리**

법인이 감가상각자산을 보험업법이나 그 밖의 법률에 의하여 감가상각자산의 장부가액을 평가증한 경우 해당 감가상각자산의 상각부인액은 평가증의 한도까지 익금에 산입된 것으로 보아 이를 손금으로 추인하고 평가증의 한도를 초과하는 금액은 이를 그 후의 사업연도에 이월한 상각부인액으로 한다.

상각범위액 100

취득원가 200, 내용연수 2년, 정액법

	A	B	T	D
×1	100	-	100	△100
×2	100	-	100	△100
×3	-	100	-	100
×4	-	100	-	100

감가상각의제시 더도 덜도 말고 상각범위액만큼 손금인정된다.

· **감가상각의제**

각사업연도소득에 대하여 법인세가 면제되거나 감면되는 사업을 영위하는 법인으로서 법인세를 면제받거나 감면받은 경우에는 개별자산에 대한 감가상각비가 상각범위액이 되도록 감가상각비를 손금에 산입하여야 한다.

If) 감면법인, 취득가 1,000, 상각률 0.1, 정률법

구분	B	T	D	
×1	0	100	△100	손入(△유보)
×2	100	90	10	손不(유보)
×3	200	81	119	손不(유보)

· **감가상각의제**

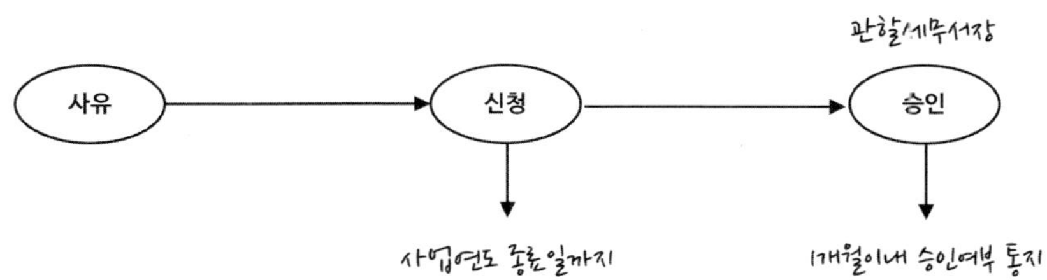

· **감가상각방법의 변경**

합병 등 법소정의 사유에 해당하는 경우에는 계속성의 원칙에도 불구하고 납세지 관할세무서장의 승인을 얻어 그 상각방법을 변경할 수 있다.

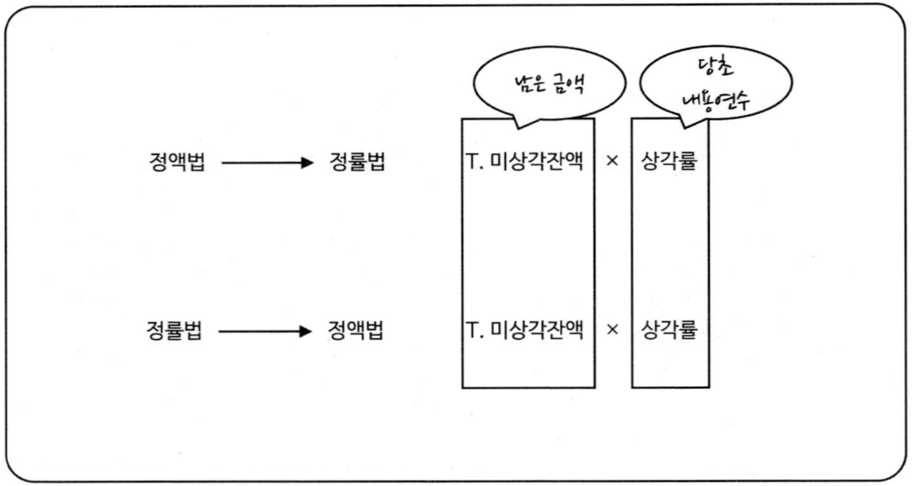

· 감가상각방법의 변경

상각범위액 계산시 상각률은 잔존내용연수가 아닌 당초에 신고한 내용연수(신고하지 않은 경우 기준내용연수)의 상각률을 적용한다.

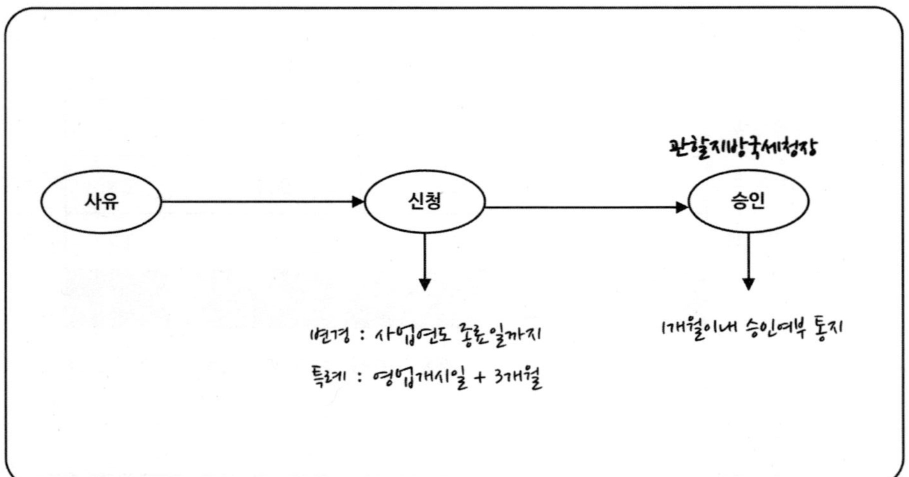

· 내용연수의 변경

가속상각·연장상각이 필요한 법소정의 사유에 해당하는 경우에는 원칙적인 내용연수의 계속적용규정에도 불구하고 기준내용연수에 기준내용연수의 50%(또는 25%)를 가감한 범위에서 납세지 관할지방국세청장의 승인을 얻어
① 내용연수범위와 달리 내용연수를 적용하거나
② 적용하던 내용연수를 변경할 수 있다.

제7장
충당금과 준비금

권리의무확정주의	
원칙	손不항목
예외	손금항목

- ○ 퇴충
- ○ 연충
- ○ 대충
- ○ 구충
- ○ 일충
- ○ 압충

· 충당금과 준비금

충당부채란 지급의무가 확정되지 않았지만 지출가능성이 높고 그 금액을 신뢰성 있게 추정할 수 있는 현재의 의무를 말한다. 법인세법은 권리의무확정주의를 취하고 있으므로 미확정부채인 충당부채를 원칙적으로 손금으로 인정하지 않는다.

다만, 기업회계와의 차이를 해소하고자 예외적으로 열거된 몇 가지 충당금을 손금으로 인정하고 있다.

구분	퇴충	연충
제도	사내적립	사외적립
성격	결산조정사항	신고조정사항
한도	추계액×0%	추계액×100%
초과액	손不(유보)	손不(유보)
미달액	세무조정×	손入(△유보)

· 퇴직급여충당금 vs 퇴직연금충당금

· 퇴직급여충당금

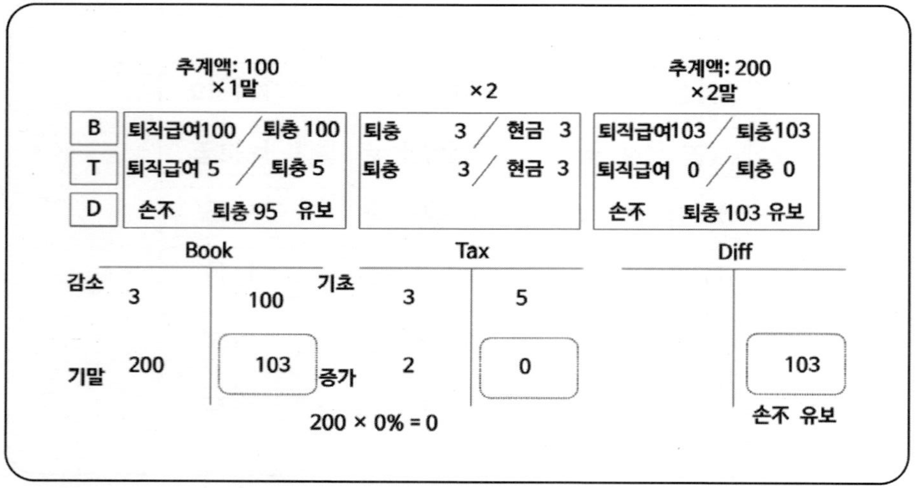

· 확정기여형 퇴직연금

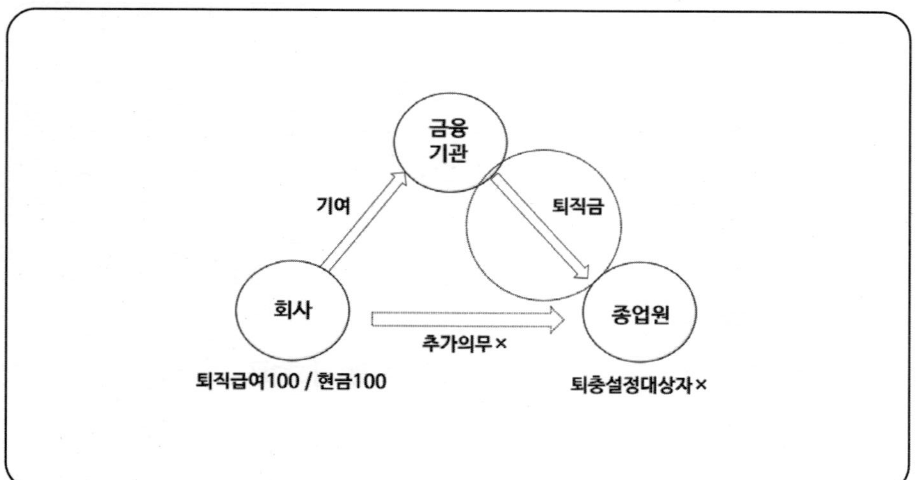

· 퇴직급여충당금 설정한도액

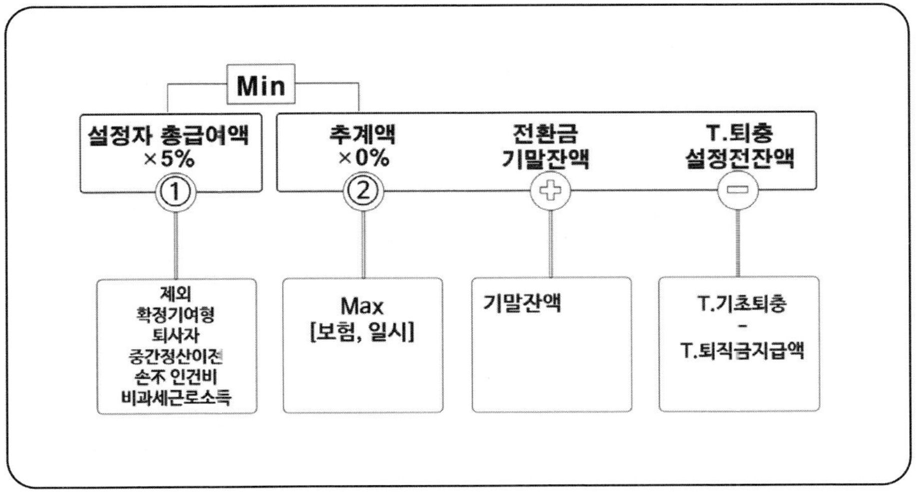

· 퇴직급여충당금 설정전 잔액

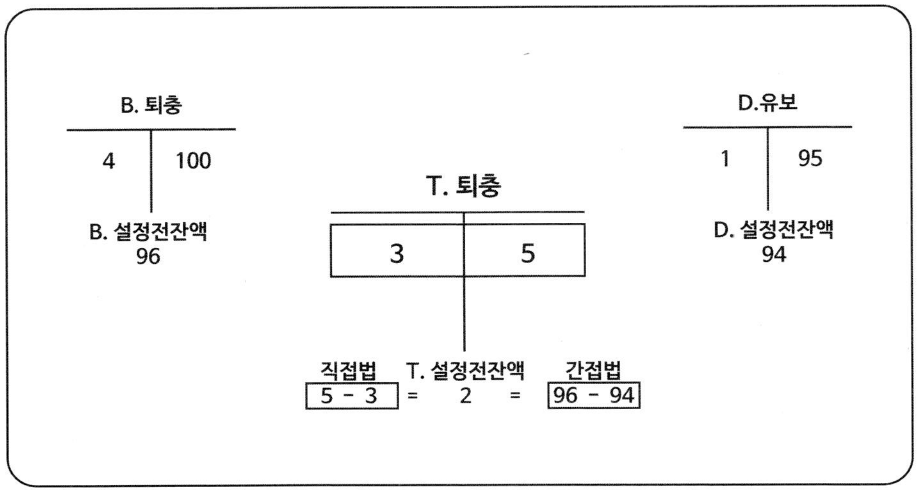

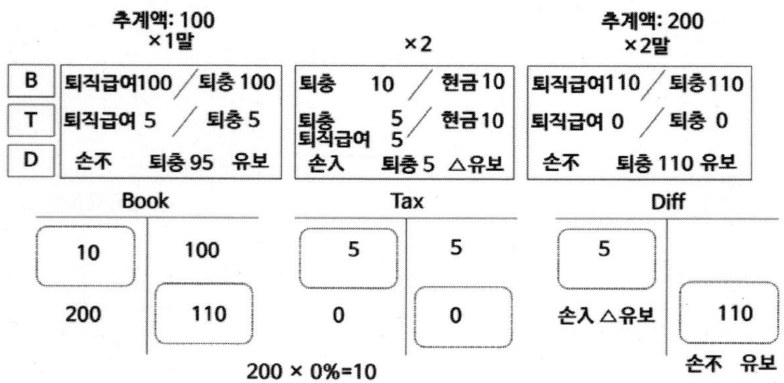

· **퇴직금 지급시의 처리(초과상계)**

초과상계 : T.퇴충 감소액 〈 B.퇴충 감소액

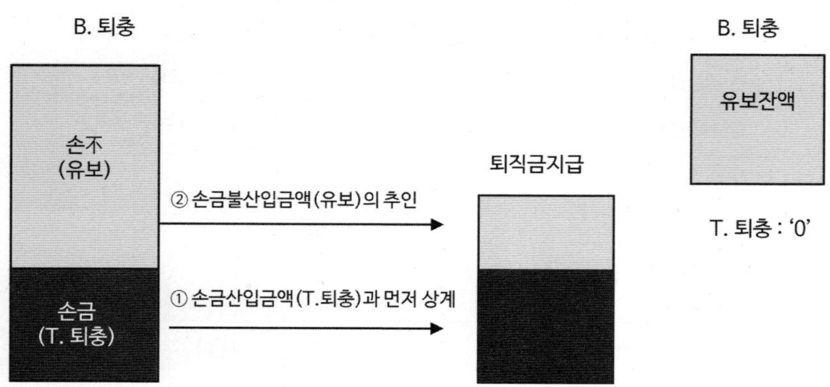

· **퇴직급여충당금의 유보추인**

퇴직급여충당금을 손금산입한 법인이 임원이나 사용인에게 퇴직급여를 지급하는 경우에는 그 퇴직급여충당금에서 먼저 지급하여야 한다.

퇴직급여충당금 설정액 중 손금불산입된 금액이 있는 법인이 퇴직급여를 지급하는 경우 손금산입한 퇴직급여충당금과 상계하고 남은 금액에 대해서는 이미 손금불산입된 금액을 손금으로 추인한다.

	추계액: 100 ×1말	×2	추계액: 200 ×2말
B	퇴직급여100 / 퇴충 100	비용 5 / 현금 5	퇴직급여 100 / 퇴충100
T	퇴직급여 5 / 퇴충 5	퇴충 5 / 현금 5	퇴직급여 0 / 퇴충 0
D	손不 퇴충 95 유보	손不 퇴충 5 유보	손不 퇴충 100 유보

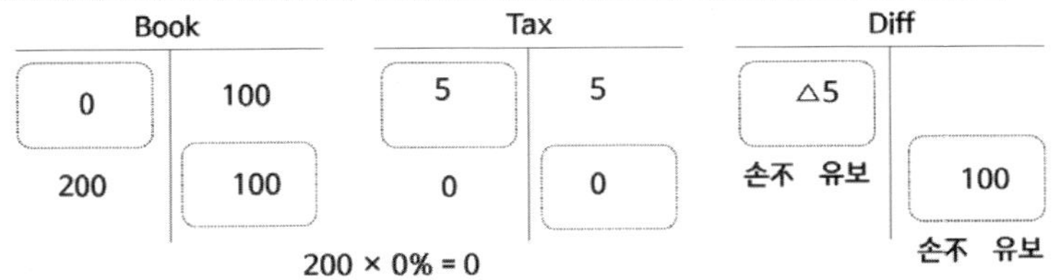

· 퇴직금 지급시의 처리(과소상계)

과소상계 : T.퇴충 감소액 〉 B.퇴충 감소액

비현실적 퇴직 : 비용으로 처리	
B	퇴직급여 100 / 현금 100
T	가지급금 100 / 현금 100
D	손不 업무무관가지급금 100 (유보)

비현실적 퇴직 : 퇴충과 상계처리	
B	퇴충 100 / 현금 100
T	가지급금 100 / 현금 100
D	손入 퇴직급여충당금 100 (△유보) 손不 업무무관가지급금 100 (유보)

임원퇴직금 한도초과액 : 비용으로 처리	
B	퇴직급여 100 / 현금 100
T	사외유출 100 / 현금 100
D	손不 임원퇴직금 한도초과액100 (상여)

임원퇴직금 한도초과액 : 퇴충과 상계처리	
B	퇴충 100 / 현금 100
T	사외유출 100 / 현금 100
D	손入 퇴직급여충당금 100 (△유보) 손不 임원퇴직금 한도초과액 100 (상여)

· 비현실적 퇴직/임원퇴직금 한도초과액

① 비현실적 퇴직 : 현실적으로 퇴직하지 않은 임직원에게 퇴직금을 지급한 경우에는 세법상 퇴직급여충당금의 감소로 처리하지 않고 업무무관가지급금(대여금)으로 처리한다.

② 임원퇴직금 한도초과액 : 임원퇴직금 한도초과액은 세법상 퇴직급여충당금의 감소로 처리하지 않고 손금불산입(상여)로 처분한다.

Case1 [퇴직급여충당금 설정]

Book		Tax		Diff	
1,000	20,000				
40,000	21,000				

· 사례

Case2 [퇴직금지급/비현실적 퇴직]

Book		Tax		Diff	
1,000	20,000				
40,000	21,000				

· 사례

Case3 [퇴직금지급/임원퇴직금 한도초과]

Book		Tax		Diff	
1,000	20,000				
40,000	21,000				

· 사례

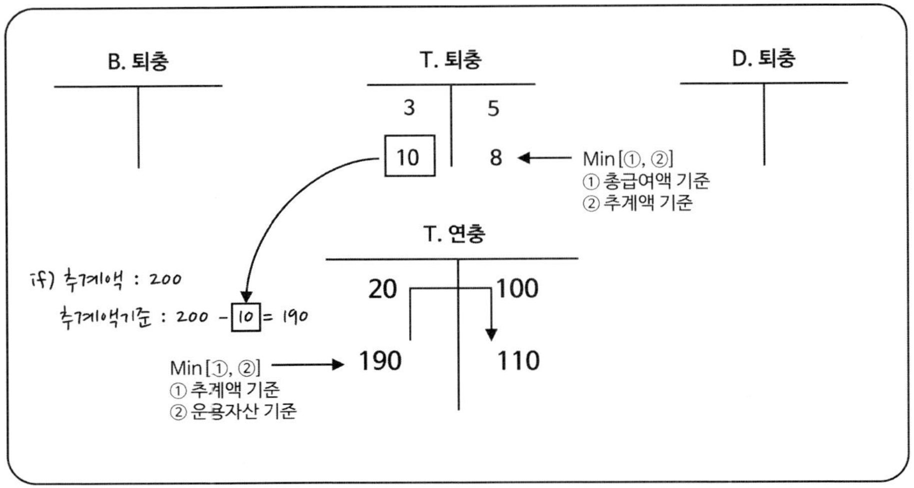

· **퇴직연금충당금 설정한도액**

Min [①, ②] - 퇴직연금충당금 설정전 잔액
① 퇴직금추계액-세법상 퇴직급여충당금 기말잔액
② 퇴직연금운용자산 기말잔액

✓ 세무조정의 순서

1. 퇴직금 지급액 T/A
2. 퇴직금 설정액 T/A
   ① 퇴직급여충당금 T/A
   ② 퇴직연금충당금 T/A

추계액: 1,000 사외적립예금: 950

	×1				×2			
B	퇴직급여 예금	1,000 950	퇴충 현금	1,000 950	퇴충	100	예금 현금	95 5
T	퇴직급여	1,000	퇴충 연충	50 950	연충 퇴충	5 95	예금 현금	95 5
D	손不 손入	퇴충 연충	950 유보 950△유보		손入 손不	퇴충 연충	95 △유보 95 유보	

· **퇴직금 지급시의 처리**

① 퇴직연금을 지급한 부분 → 연충과 상계
② 퇴직연금을 초과하여 지급된 부분 → 퇴충과 상계
③ 퇴충이 부족한 경우 → 퇴직급여로 처리

B.퇴충	
100	1,000

T.퇴충	
5	50

D.퇴충	
95 손入△유보	950

B.연충	
0	0

T.연충	
95	950

D.연충	
△95 손不 유보	△950

· **퇴직금 지급시의 처리**

Case [퇴직연금충당금 설정]

B.퇴충	
2,000	16,000
20,000	6,000

T.퇴충	

D.퇴충	

B.연충	
0	0
0	0

T.연충	

D.연충	

· 사례

구분	대손금	대충
의의	못받는돈	못받을돈
성격	결산 or 신고	결산조정사항
한도	전액손금	한도내손금
제외	가구(할)매	가구할배

· 대손금 vs 대손충당금

가	업무무관가지급금
구	채무보증으로 인한 구상채권
(할)매	매출세액미수금(대손세액공제를 받은 부분)

가	업무무관가지급금
구	채무보증으로 인한 구상채권
할배	할인어음/배서양도어음(매각거래에 한함)

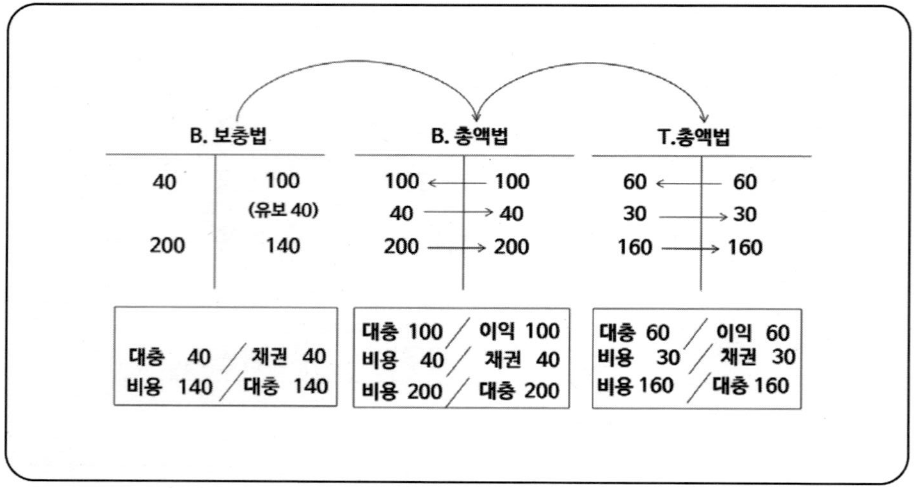

· 총액법 vs 보충법

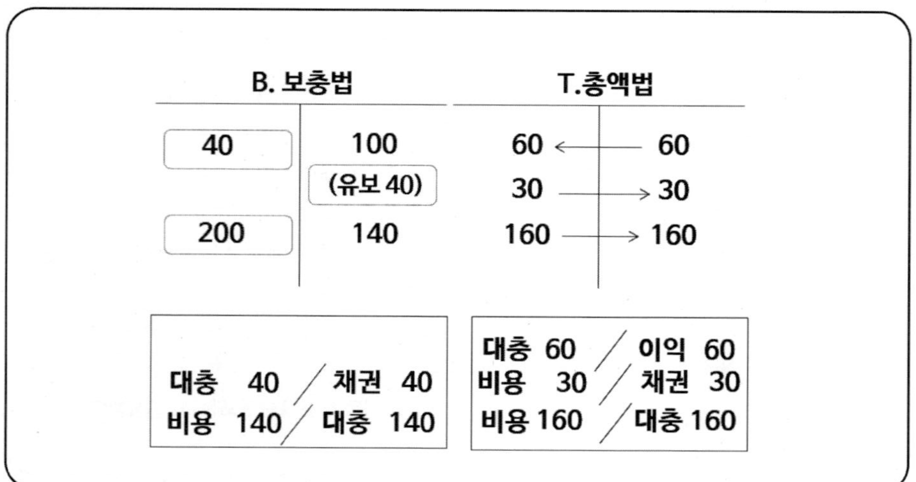

· 총액법 vs 보충법

대손사유가 발생한 날

대손사유가 발생하여 장부상 대손처리한 날

신고조정사항	결산조정사항
1. 소멸시효 완성된 채권	1. 부도 + 6개월, 파산, 소액채권
2. By 법 회수불능 확정된 채권	2. 감독기관 승인

· **대손사유 and 귀속시기**

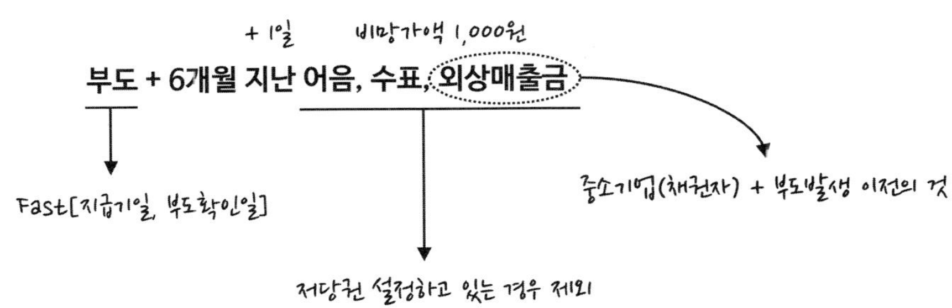

· **부도 + 6개월**

부도발생일로부터 6개월 이상 지난 수표 또는 어음상의 채권 및 외상매출금(중소기업의 외상매출금으로서 부도발생일 이전의 것에 한함)

다만, 해당 법인이 채무자의 재산에 대하여 저당권을 설정하고 있는 경우는 제외

If) 장부상 회계처리 대손충당금 10 / 채권 10

소멸시효 완성	부도+6개월	부도+3개월
×1 요건○	×1 요건○	×1 비용○
×2 비용○	×2 비용○	×2 요건○

	×1
B	비용 ~~대손충당금~~ 10 / 채권 10
T	- / -
D	손不 채권 10 (유보)

	×2
B	현금 10 / ~~대손충당금~~ 10 수익
T	현금 10 / 채권 10
D	익不 채권 10 (△유보)

· **사례**

전기이전 세무조정	당기추인사유	당기세무조정
손금산입(△유보)	장부상 비용계상	손금불산입(유보)
손금불산입(유보)	대손사유충족	손금산입(△유보)
	채권회수	익금불산입(△유보)*

*세무상 대손금에 영향 無

· **대손금 회수시**

손금에 산입한 대손금 중 회수한 금액은 그 회수한 날이 속하는 사업연도의 소득금액을 계산할 때 익금에 산입한다.

대손충당금 설정한도액

- 설정한도액

T. 당기말 대손충당금 설정대상 채권가액 × 대손설정률

① T.당기말 대손충당금 설정대상 채권가액

당기말 B. 채권 - 당기말 설정제외채권 ± 당기말 유보잔액

② 대손설정률

Max [1%, 대손실적률]

Max [①, ②]	B (기말잔액)	T	D	D
① 1%	120	100	손不 20 (유보)	손入 20 (△유보)
② 대손실적률				

② 대손실적률 = $\frac{\text{T. 당기대손금}}{\text{T. 전기말 설정대상채권잔액}}$

* 동일인에 대한 매출채권과 매입채무
① 상계X
② 상계약정有 → 상계O

· 사례

	전기말채권	당기대손금	당기말채권
B			
유보			
T			

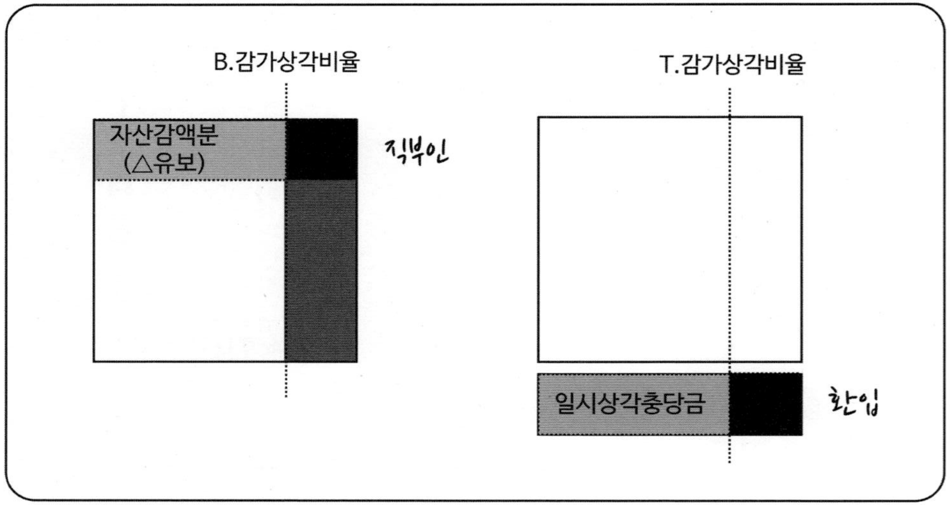

· **일시상각충당금의 환입**

일시상각충당금 × T.감가상각비율

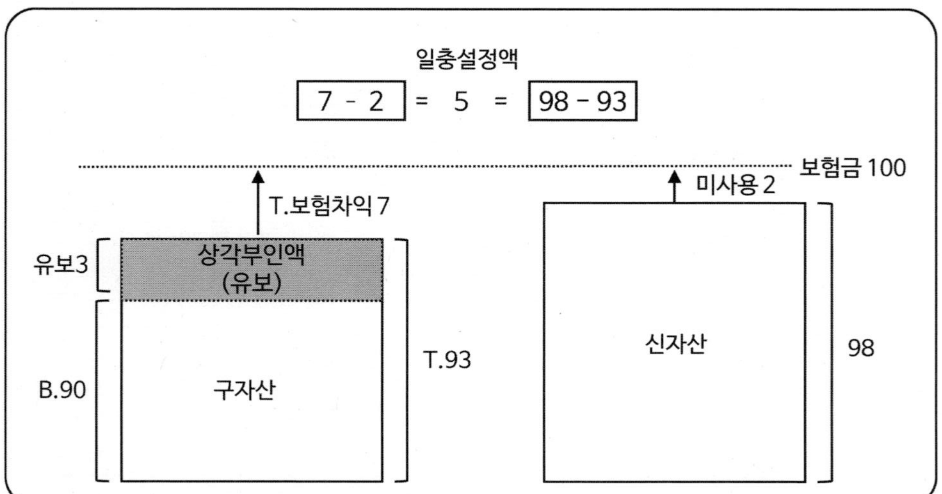

· **보험차익 일시상각충당금 설정시 주의사항**

1. Tax 보험차익
2. Only 사업용 고정자산
3. Only 동일한 고정자산
4. 미사용액 제외

* 보험금수령액의 일부만을 사용하는 경우에는 멸실된 자산의 장부가액부분을 먼저 사용하고 보험차익부분은 나중에 사용한 것으로 본다.

원칙 : 결산조정사항

예외 : 잉여금처분에 의한 신고조정허용

구분			설정방법
법인세법	보험업	책임준비금	예외x
		비상위험준비금	예외O (IFRS적용법인)
	비영리법인	고유목적사업준비금	예외O (외감대상법인)
조특법	손실보전준비금 등		예외O

· **준비금(과세이연제도)**

준비금은 현재시점에 비용·손실이 발생하지 않았으나, 미래에 발생할 수 있는 비용·손실을 대비하여 미리 손금에 산입하여 설정한 충당부채의 일종이다.

손금에 산입한 준비금은 추후에 비용·손실이 발생되는 때 익금산입하여 환입함으로서 과세시점을 이연할 수 있도록 규정하고 있다.

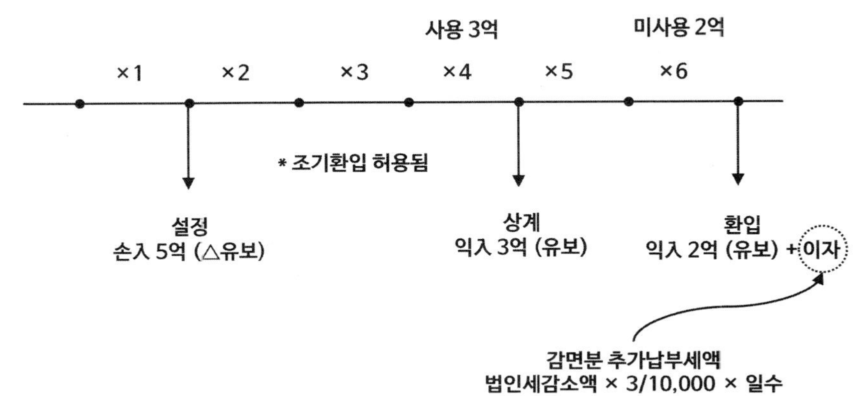

· **고유목적사업준비금**

① 설정 : 비영리내국법인이 각 사업연도에 그 법인의 고유목적사업이나 지정기부금에 지출하기 위하여 고유목적사업준비금을 손금으로 계상한 경우에는 일정한 한도내에서 이를 손금에 산입한다.

② 상계 : 손금에 산입한 고유목적사업준비금을 5년 내에 고유목적사업 또는 지정기부금에 지출하는 경우에는 그 금액을 먼저 계상한 사업연도의 고유목적사업준비금을 먼저 사용한 것으로 보아 차례로 상계한다.

③ 환입 : 고유목적사업준비금을 손금으로 계상한 사업연도의 종료일 이후 5년이 되는 날까지 고유목적사업 등에 사용하지 아니한 잔액은 익금에 산입한다.

제8장
부당행위계산의 부인

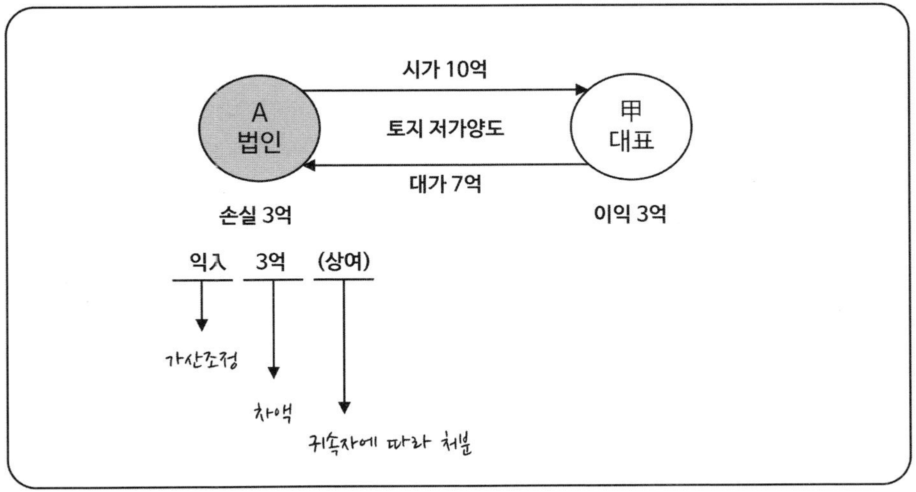

· **부당행위계산부인**

부당행위계산부인 : 납세지 관할세무서장(또는 관할지방국세청장)은 내국법인의 행위 또는 소득금액의 계산이 특수관계인과의 거래로 인하여 그 법인의 소득에 대한 조세의 부담을 부당하게 감소시킨 것으로 인정되는 경우에는 그 법인의 행위 또는 소득금액의 계산(부당행위계산)에 관계없이 그 법인의 각 사업연도의 소득금액을 계산할 수 있다.

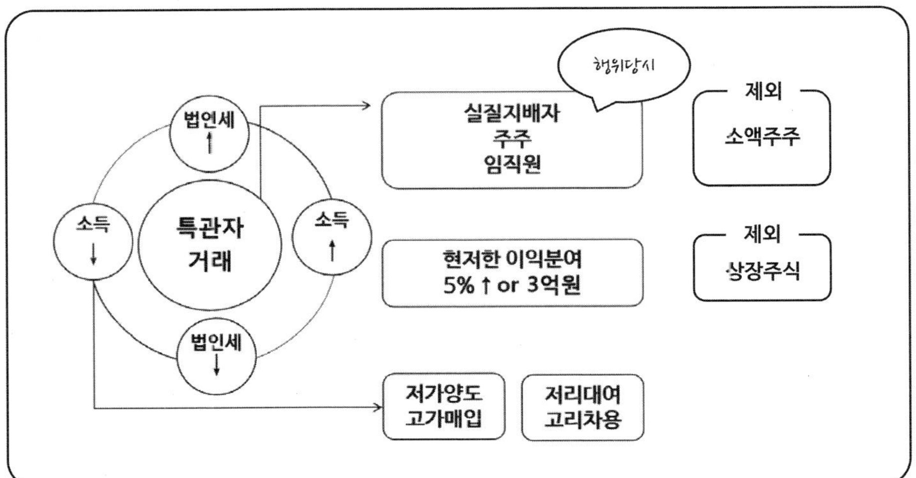

· **부당행위계산부인**

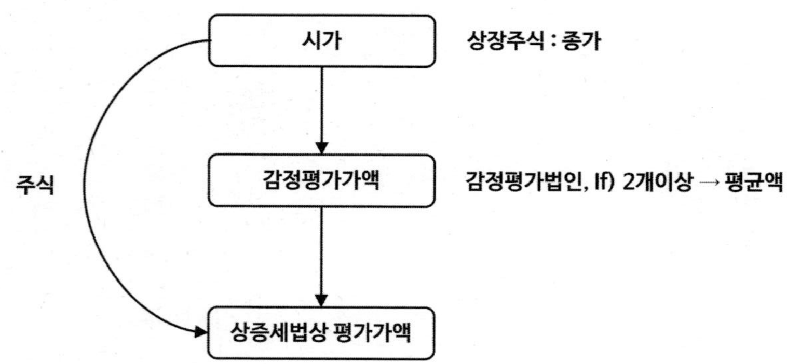

· **부인의 기준 - 시가**

① 자산임대차

(자산의 시가 × 50% - 보증금) × 정기예금이자율 × 일수/365

② 건설·기타용역

원가 × (1+비특수관계자에게 제공한 유사용역의 원가이익률)

시가 100

	고가매입	저가양도
B	자산 150 / 현금 150	현금 50 / 자산 50
T	자산 100 유출 50 / 현금 150	현금 100 / 자산 50 이익 50
D	손入 자산 50 △유보 손不 부당 50 유출	유출 50 / 현금 50 익入 부당 50 유출

· **고가매입/저가양도**

· **고가매입**

구 분	특수관계인○		특수관계인×	
	현저한 이익분여○	현저한 이익분여×	정상가액밖	정상가액내
취득가액	시가	거래가액	시가 × 130%	거래가액

· **업무무관가지급금**

① 지급이자 손不
② 인정이자 익入
③ 대손불능채권
④ 대손충당금 설정제외채권

구 분	지급이자 손不	인정이자 익入
이익	○	×
손해	○	○

가지급금인정이자 세무조정	
B	약정이자(발생주의)
T	인정이자(가지급금적수 × 인정이자율 × 1/365)
D	If (T−B) ≥ Min[T × 5%, 3억원] → (T−B) 익금산입(사외유출)

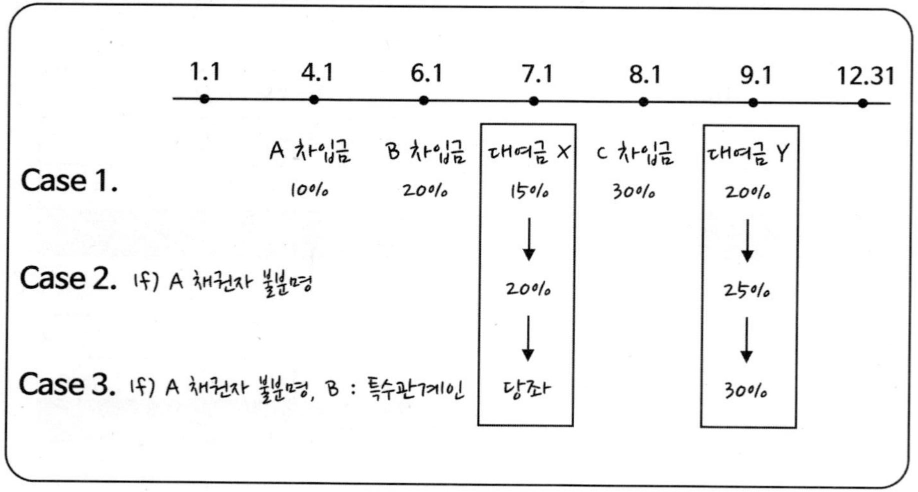

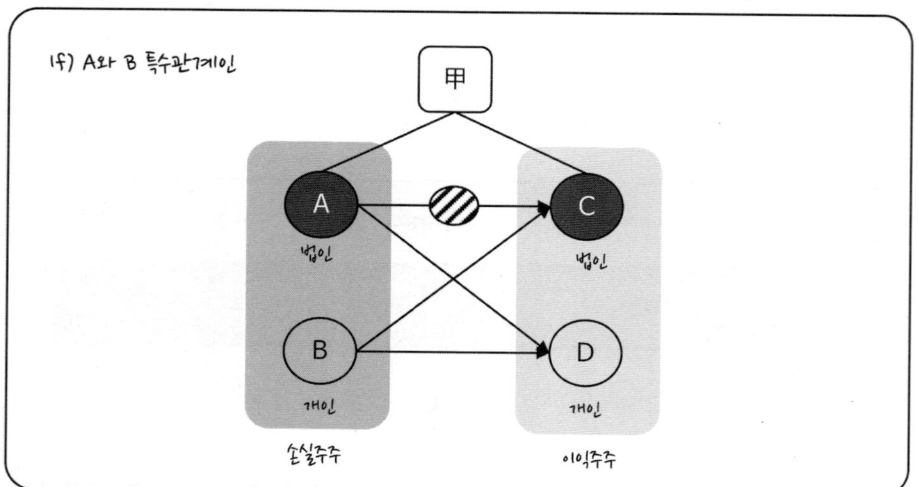

· **인정이자율**

(1) 원칙 : **대여시점** 가중평균차입이자율

* 채권자불분명사채, 비실명채권증권, 특수관계인 차입금 제외

(2) 예외 : 당좌대출이자율

구분	적용방법
① 가중평균차입이자율 산정불가	Only 해당 대여금
② 5년전 대여금	
③ 당좌대출이자율 선택	All 대여금 (3개사업연도)

· **불공정자본거래**

구분	손실주주	이익주주
법인	<익入> 부계부(기사)	<익入> 주식 (유보)
개인	과세문제 無	증여세 과세

구 분		법인세법		상증세 법	
		특수관계여부	현저한이익요건	특수관계여부	현저한이익요건
합병		○	○	×	○
증자	저가발행 재배정	○	×	×	×
	고가발행 재배정	○	×	○	×
감자		○	○	○	○

· **불공정자본거래의 유형**

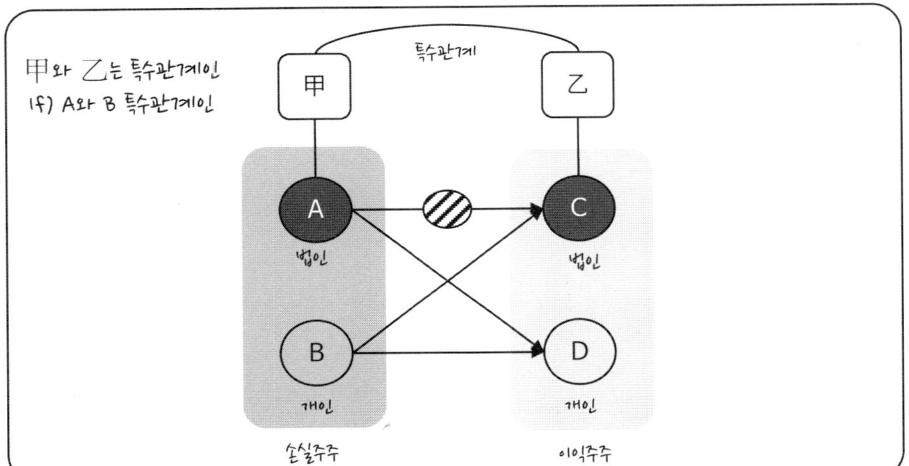

· **불공정합병**

① 특수관계에 있는 법인간의 합병

② 현저한 이익을 분여(30% 이상 or 3억원 이상)

✓ 특수관계에 있는 법인에 해당하는지 여부는 합병등기일이 속하는 사업연도의 **직전 사업연도 개시일부터 합병등기일**까지의 기간을 기준으로 판정한다.

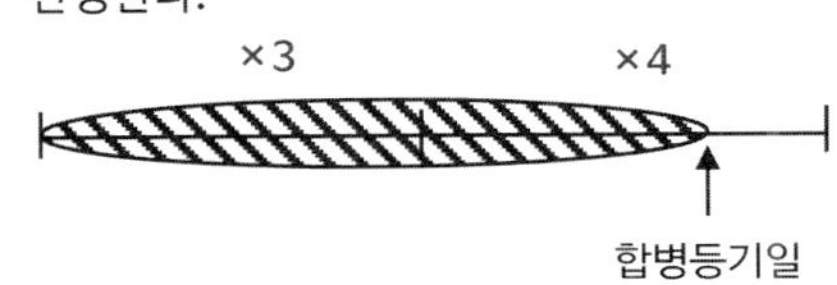

제9장

과세표준과 세액의 계산

1. 과세표준	
각사소	
(-)이월결손금	이월o
(-)비과세소득	이월x
(-)소득공제	이월x
과세표준	

2. 산출세액
과세표준
×세율
산출세액

3. 차감납부세액
산출세액
(-)세액공제감면
(+)가산세
총부담세액
(-)기납부세액
차감납부세액

· **과세표준과 세액계산**

이월결손금 중 각사업연도소득금액을 초과하는 금액은 공제시한이 남아 있는 한 차기로 이월하여 공제받을 수 있지만, 과세표준을 계산함에 있어서 공제되지 아니한 비과세소득과 소득공제액은 차기로 이월되지 않고 소멸한다.

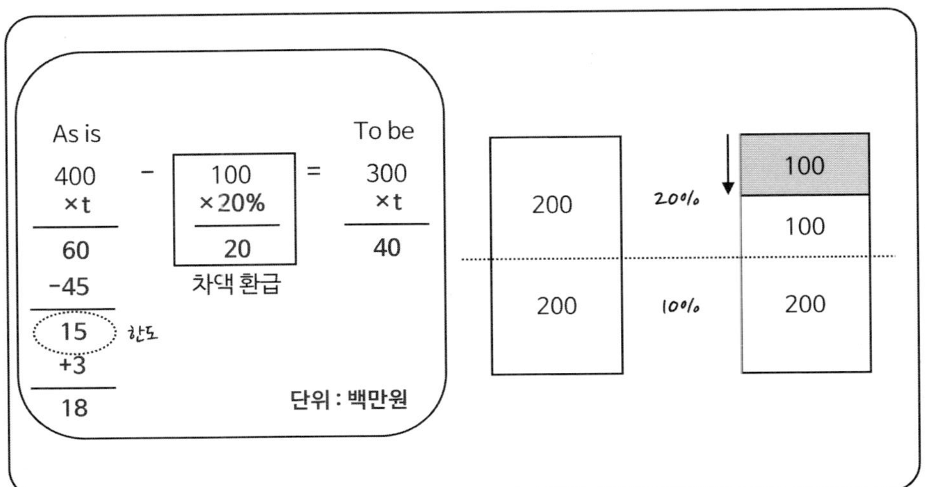

· **결손금 소급공제**

직전사업연도
(직전연도x)

△100 ← 소급 — 결손금 △300 — 이월 → △200

① 중소기업
② 과세표준 및 세액 신고(전기, 당기)
③ 환급신청

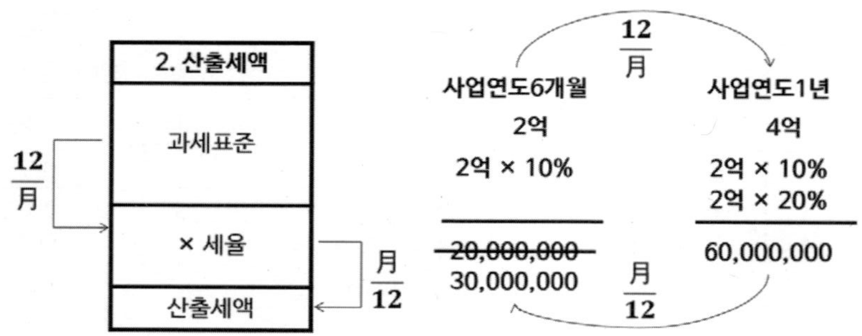

· **사업연도가 1년 미만인 경우**

사업연도가 1년 미만인 경우에는 과세표준을 연단위로 환산한 후의 법인세산출세액을 기준으로 계산한다.

주식배당제외(금전배당만)

임원제외

중고자산·리스자산제외

A	기업소득 × 80% – 환류액(투자액 + 임금증가액 + 배당액 + 출연금)
B	기업소득 × 30% – 환류액(임금증가액 + 배당액 + 출연금)

· **미환류소득에 대한 법인세**

✓ 적용대상

① 당기말 B/S상 자기자본이 500억원 초과법인(중소기업은 제외)
② 당기말 상호출자제한기업집단에 속하는 법인

구분	×1	×2
미환류 소득	(미환류소득 - 차기환류적립금) × 10%	(전기이월차기환류적립금 - 초과환류액) × 10%
초과 환류액	-	(미환류소득 - 전기이월초과환류액) × 10%

· **차기환류적립금 및 초과환류액**

허당 사업연도에 차기환류적립금을 적립하여 미환류소득에서 공제한 내국법인이 다음 사업연도에 자기자본의 감소 등으로 적용대상법인에 해당하지 아니하게 되는 경우에도 미환류소득에 대한 법인세를 납부하여야 한다.

손금산입, 세액공제 中 선택

→ 세액공제 선택시 · 직접외국납부세액 손不 (기사)
· 간접국납부세액 익入 (기사)

Min
① 외국납부세액(직접+간접+의제)
② 국외원천산출세액(과표비율안분)

· **외국납부세액공제**

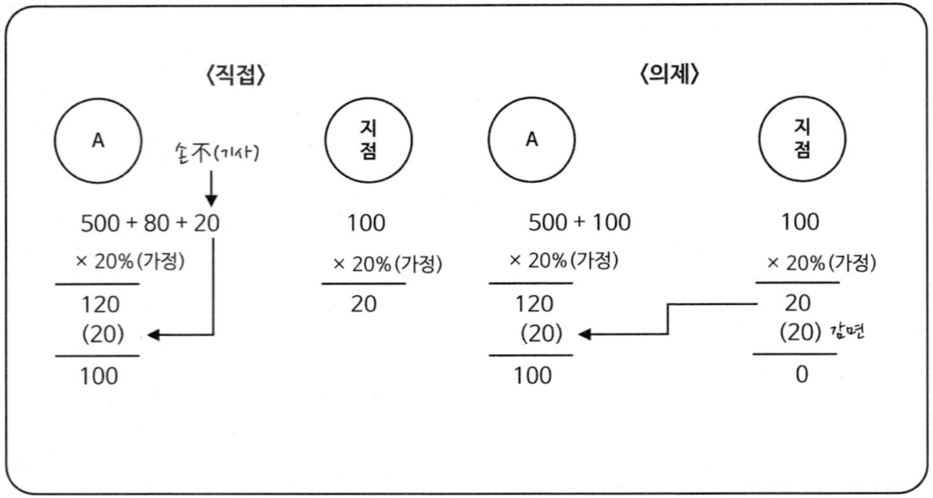

· **외국납부세액공제**

① 직접외국납부세액
해당 법인이 외국에서 국외원천소득에 대하여 직접 납부하였거나 납부할 것으로 확정된 세액(가산세와 가산금은 제외)을 말한다.

② 의제외국납부세액
내국법인이 조세조약의 상대국에서 해당 국외원천소득에 대하여 법인세를 감면받은 세액상당액을 말한다.

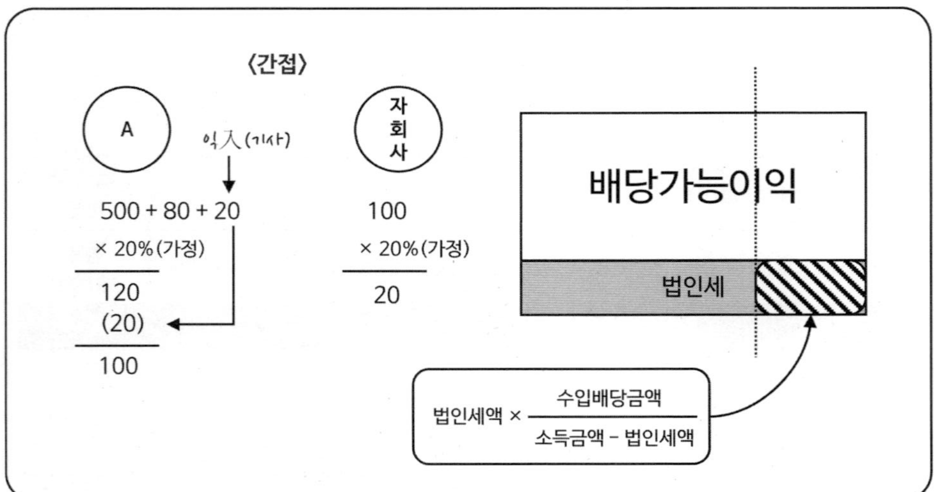

③ 간접외국납부세액
내국법인의 각사업연도소득에 외국자회사로부터 받은 수입배당금이 포함되어 있는 경우, 그 외국자회사의 소득에 대하여 부과된 외국법인세액 중 해당 수입배당금에 대응하는 세액을 말한다.

✓ 외국자회사: 다음의 요건을 모두 갖춘 법인

a. 지분율요건 : 내국법인이 의결권 있는 발행주식 총수 또는 출자총액이 **25%(해외자원개발사업을 경영하는 외국법인의 경우는 5%) 이상**을 출자하고 있는 외국법인일 것
b. 보유요건 : 내국법인이 외국법인의 지분을 배당확정일 현재 **6개월 이상** 계속하여 보유하고 있는 외국법인일 것 → 배당기준일 ×

제10장
법인세의 납세절차

구분	법인세법	소득세법
대상	All법인	Only사업소득자
기간	사업개시일로부터6개월간	1월1일~6월30일
기한	중간예납기간종료일로부터2개월이내	11월30일까지
계산	①,②중선택하여신고납부 ① 직전실적기준 ② 당기실적기준	① 원칙 : 직전실적기준고지납부 ② 예외 : 당기실적기준신고납부
소액부징수	無	有(30만원미만)
분납	가능	가능
신규사업자	중간예납의무無	중간예납의무無

· **중간예납세액**

중간예납세액 : 내국법인(학교법인 등 제외)으로서 각 사업연도의 기간이 6개월을 초과하는 법인이 해당 사업연도 개시일부터 6개월간을 중간예납기간으로 하여 그 기간에 대한 법인세를 미리 납부한 세액을 말한다.

신고	사업연도 종료일이 속하는 달의 말일+3개월
	소득금액이 없거나 결손금이 있는 법인의 경우에도 신고
납부	신고기한내 납부
	납부세액이 1천만원 초과시 분납가능

· **법인세의 신고·납부**

납세의무가 있는 법인은 각 사업연도의 종료일이 속하는 달의 말일부터 3개월 이내에 해당 사업연도의 소득에 대한 법인세의 과세표준과 세액을 납세지 관할세무서장에게 신고하여야 한다.

각 사업연도의 소득금액이 없거나 결손금이 있는 법인의 경우에도 법인세 신고의무를 진다.

제11장
그 밖의 법인세

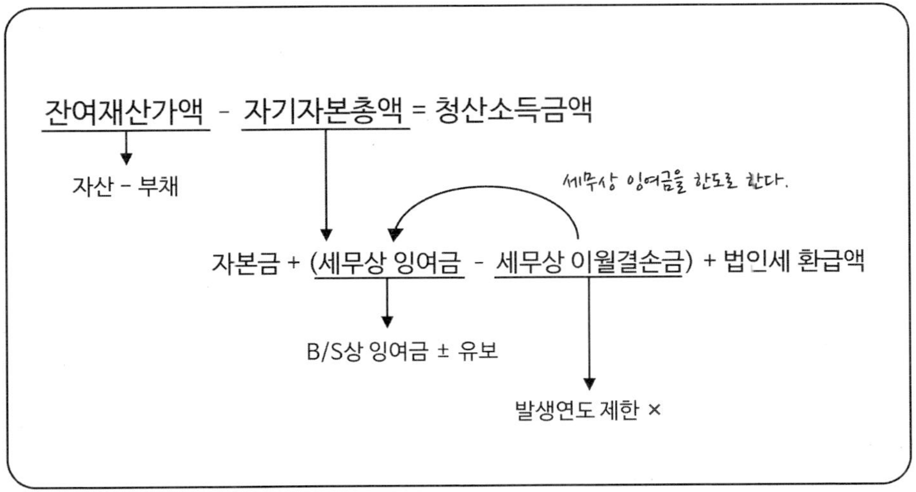

· 청산소득에 대한 법인세

청산소득에 대한 법인세 납세의무가 있는 내국법인은 잔여재산가액확정일(사업을 계속하는 경우 계속등기일)이 속하는 달의 말일부터 3개월 이내에 청산소득에 대한 법인세의 과세표준과 세액을 납세지관할세무서장에게 신고하고 그 세액을 납부하여야 한다.

청산소득이 없는 경우에도 신고는 하여야 한다.

저자약력

양소영

아주대학교 경영학과 졸업
43회 공인회계사시험 합격
45회 세무사시험 합격

前 한국중부발전 근무
　삼정회계법인 근무
　아이파 부산경영아카데미 세법 강사
　나무경영아카데미 세법 강사
現 KG패스원(미래경영아카데미) 세법 강사

〈주요저서〉

세법스케치(비앤엠북스)
세법첫걸음(공저, 도서출판 가치산책)
지니세법(공저, 도서출판 가치산책)
세무회계연습(공저, 도서출판 가치산책)
공인회계사 1차 기출문제집 세법(공저, 도서출판 지금)
세무사 1차 기출문제집 세법(공저, 도서출판 지금)

저자와의
협의하에
인지생략

세법스케치 I

2017년 4월 3일 초판 인쇄
2017년 4월 10일 초판 1쇄 발행

저　자 : 양소영
발행인 : 정광식
발행처 : **비앤엠북스**
서울특별시 금천구 가산디지털1로 70 B1-103
등　록 2004. 12. 29. / 제313-2004-00298호
전　화 2627-5710~13, 팩스 2627-5720
홈페이지 www.대학교재.net
이 메 일 bnmbook@daum.net

가격 10,000원　ISBN 978-89-6821-062-4